だいわ文庫

大人に必要な
読解力が正しく身につく本

吉田裕子

大和書房

文章を読めない人が増えている？

ある日、偶然目にした投稿に、私は固まってしまいました。

「やっとあの本のマンガ版が出た～。これで私も読める」

書名は伏せますが、私自身も読んだことのあるベストセラーのビジネス書です。

特に分厚いわけでも、難解なわけでもなく、むしろサクサク読める軽い本。

見出しにまるまる1ページ使っていて、余白・行間もゆったり。

通販サイトのレビューには「面白いけど、スカスカ」などと書かれている本です。

それなのに、マンガ版が出ないとあの本を読まない人、読めない人がいるというのです。それも、ビジネス書に興味のある人なのに……。


これは、本の書き手であり、高校生に国語を教える塾講師でもある私にとって衝撃の事実でした。

もちろん、たかが一人の、たかが一件の投稿なのですが、日ごろ感じている違和感とよく符合する事実でもありました。

例えば仕事で、パンフレットやメールにあらかじめ書いておいたことを質問されることがあります。電話をかけたり出向いたりして説明すれば、「よく分かりました」と納得していただけるのですが、実のところ、口頭で説明している内容は、パンフレットやメールとほぼ同じなのです。場合によっては、電話口でパンフレットをそのまま読み上げているケースもあるほどです。

自分でパンフレットを読むほうが、わざわざ電話で問い合わせるよりよほどラクで効率もいいのに、どうしてこういう質問が来るのだろう？

日ごろ抱いていたこの疑問が、先程の投稿と結び付き、一つの問題意識が生まれました。

もしかして文章を読めない人が増えているのではないか？

調べてみると、ＰＩＳＡ（国際学習到達度調査）で15歳の生徒の読解力が２０１５年の調査で8位、２０１８年の調査では15位と後退しているというデータも出てきました。

ページ下部には
「読み間違いやすい漢字」
を紹介しているよ！

こうした現状に対し、私が何かできることはないかと筆を執ったのが本書です。

「読解力の欠如」が様々な問題を引き起こしている

現代は、デジタルの時代です。電車内を見渡しても、紙の本や新聞を読んでいる人は少数派になり、多くの人はスマホやタブレットを見ています。インターネットを通じて、無限の情報や娯楽にアクセスできるようになりました。

写真や動画も見ていますが、インターネットにアクセスしているとき、文字情報に触れている時間も長いはずです。

ニュースやコラム、SNSの文字投稿――これだけ日常的に文章に触れている時代もなかなかないでしょう。

現代人は確かに文章を目にしているのです。

ただ、**多くの人が読解力に欠けたまま、文章の洪水に触れている状態**なのです。

多くはスマホですいすい縦スクロール。

腰を据えて読み込むわけではないため、大量の文章に触れていても、読解力の伸び

読み方Check!

発起

× よくある間違い　はっき
○ 正解　ほっき

意味　思い立って物事を始めること。（例）高名なアーティストも発起人に名を連ねている。

るチャンスはあまりありません。

昔から文章を読むのが苦手な人はいたでしょうが、現代はその苦手が課題やトラブルにつながりやすい時代です。

例えば、インターネットでは誰でも気軽に発信ができる分、読解力不足に由来する課題やトラブルがよく見えるようになりました。

ニュースの勘所を読み誤り、的外れなコメントをＳＮＳに書き込んで、非難・嘲笑される人がいます。あるいは、支離滅裂なコラムやまとめサイトの文章をそのまま信じ、陰謀論などの偏った考えに凝り固まって行く人もいます。

読解力があれば、どちらの問題も生じないのに、と惜しく思います。

著名人の発言が「炎上」することがありますが、そこで飛び交う非難の声の中には、前後の文脈を無視し、単語やセンテンスに反応して批判している例もあります。社会全体として、もう少し成熟した、丁寧な読解をしなくてはいけないのでは、と感じます。

仕事でも、対面ではなく、リモートのやり取りが増えてきた中で、「話が伝わっていない」ことによるトラブルが生じやすくなっています。

表情や声色などのニュアンスの乏しい中で、文章やメール、ビジネスチャットなどの言葉を読解しなくてはならないのに、それが十分できていないのです。

実際、私が高校生に国語を教える中でも、彼らの読解力に不安を覚えることが多々あります。

「よりにもよって、正反対の趣旨の選択肢を……」

「この年齢なのに、これぐらいの言葉も知らないのかぁ……」

「前の段落に書いてある通りに答えればいいのに、全然書けていない……」

難関大学合格を目指し、集中して読解問題に取り組んでいる（はずの）場面でさえ、この読解力なのだから、そこまで気を張っていない日常の場面では、もっともっと読み間違っているのでは——？　このままだと大学に入学した後、専門書を読んでレポートを書くことができないのでは？　働くときに読解力が足を引っ張ってしまわないかなぁ、などと——お節介にも心配をしてしまいます。

読み方Check!

何卒

× よくある間違い　なにそつ
○ 正解　なにとぞ

意味　どうか。何とか。相手に対して強く願い望む気持ちを表す言葉。（例）何卒ご容赦くださいませ。

読解力があれば、こんなに嬉しいことがある！

実際、文章を読めないまま大人になると、子どものとき以上に困ることがたくさんあります。

- 依頼や指示のメールを読み間違えて、的外れな行動を取ってしまう
- メールの意味が分からずに、何度も質問を繰り返して相手に鬱陶しがられる
- 資料を読むのが遅すぎて、長時間の残業をしなくてはならない
- 他の人は事前に渡されたマニュアルだけで理解して動けている中、自分だけが何をしたら良いか分からず途方に暮れる
- ろくに読まないで契約書を書き、後で不利な条件に泣く羽目になる
- 思い込みから感情的に文章を解釈し、人間関係のトラブルにつながる

読解力不足がもとで生じる問題は多いのです。

反対に、読解力のある人には、嬉しい特典がたくさん付いてきます。

例えば、メールでの指示やマニュアルなどを的確に読解できるわけですから、**仕事の効率が高まります。**仕事のパートナーに「この人はメールで指示を出せば、きちんと伝わるな」と信頼してもらえれば、顔を合わせての打ち合わせの回数を減らすことができ、時間を有効活用できます。仕事の幅が広がり、リモートワークなどの可能性も広がります。

学びの効果・効率も高まります。

文章は、講義や動画と違い、自分の都合のいいタイミングで、マイペースに読むことができます。

最初から順に、じっくり読み込んで深い理解を目指すこともできます。一方、知っている内容ばかりの章・節を読み飛ばすなどし、効率良く情報を吸収することも可能なのです。

決まった時刻に決まった場所に行かなくてはならない講義と違い、自分の好きなと

読み方Check!

示唆

× よくある間違い　ししゅん
○ 正解　しさ

意味　露骨に表現するのでなく、それとなく物事を示し教えること。（例）含蓄のある、示唆に富む話だった。

きに読むことができるというメリットも大きいです。だからこそ、ちょっとした隙間時間でも通勤時間でも学ぶことができるわけです。業務に役立つ資格を取得するときにも、テキストで独学できれば、仕事や家庭とも両立しやすいでしょう。

また、語彙力や読解力が付けば、話を聞く力も高まりますので、オーディオブックやポッドキャストなどで、耳から学ぶ方法も可能になります。

私も、読解力を学びに最大限生かしています。

日常的なインプットは本やニュースアプリを読むことで効率的に済ませ、そこで浮いた時間を直接習うしかない芸事（日本舞踊など）の稽古に使っています。

また、知識面は書籍で吸収しつつ、著者本人のエネルギーに直接触れたいと思ったときには講演会に出かけます。この場合、講演の内容に関しては知っている部分も多いので、その分、ご本人の話し方や聴衆の反応などその場でしか見られないことを観察して深く学ぶようにしています。このようにして、効率的・効果的に学びに時間を使えていると感じます。

もちろん効率化だけではありません。

読解力がつくことで、読むことのできる本の幅が広がるのも素晴らしいことです。読書の対象が広がるというのは、とりもなおさず、自分の世界が広がることです。古代のギリシャ哲学から、最新の経済トレンドまで知ることができるのが読書です。
古今東西の名著を楽しめるのは、数値に換算することのできない価値です。無尽蔵の豊かな世界にアクセスできるカギが読解力なのです。

大人に必要な読解力とは?

国語の読解というと、

・ここでの主人公の気持ちを答えなさい
・この作品で作者が伝えたかったことを答えなさい

といった問題をイメージする人も多いのではないでしょうか?
「そんなの分かるわけないよ!」と思った苦い思い出をお持ちの方もいるでしょう。

読み方Check!
柔和
× よくある間違い　じゅうわ
○ 正解　にゅうわ
意味　優しく、おだやかに落ち着いている様子。(例) 柔和な顔立ちが客を安心させた。

かく言う私もそう思っていました。

国語講師になって解説する側に回ったことで、こういう問題もゼロから想像・推理するような問題ではない（=本文内に十分に根拠がある）ことに気づいたのですが、自分が生徒だったときには、そうは思えませんでした。

あれこれ考えてみても、正解らしいものが全然分かりませんでした。

「自分が読んで感じたことを自由に答えれば良いんだよ」と言ってくださる先生もいたのですが、実際に自由に書くと、テストで「×」にされるという……（苦笑）

国語に苦手意識を持っている人の場合、こういう物語読解の嫌な思い出か、やたら難解な評論文を読まされて1ミリも分からなかったというトラウマか、どちらかが記憶に残っていることが多いのです。

これでは、文章読解と聞いて拒否反応が出てしまうのも無理はありません。

ただ、私は思うのです。

多くの人にとって、大人として生きていく中で必要になる読解力は、

- **メールやマニュアルなどの実用的文章を正確に読みとる力**
- **新聞や雑誌、参考資料から情報を入手できる力**

・自己研鑽のための書籍を抵抗なく読むことのできる力
・ブログやSNSの文章を感情で曲解せず、書いてある通りに読む力
などではないか、と。

もちろん文学もアカデミックな評論も読めるのに越したことはないのですが、苦手な人がまず身につけるべきは、実践的な読解力のほうでしょう。

仕事や生活の中で役立つ、日常レベルの文章理解力。

これを習得することで、読解力が暮らしの足を引っ張らないようにすることのほうが先決だと思います。

実は文部科学省としても、この点に関しては問題意識を持っているようで、2022年度より適用される高等学校の新学習指導要領では、「現代の国語」という必修科目が新設されます。これは「実社会・実生活における言語による諸活動に必要な国語の能力」を育成することに力を入れた科目です。近現代の小説は古文・漢文とまとめて一科目扱いになり、「現代の国語」は、論理的文章を読んだ上で「書く」「話す」「聞く」といった実践的活動を行う科目になります。**学校の国語教育も変わりつつあるの**

読み方Check!

誤謬

✕ よくある間違い　ごびょう
〇 正解　ごびゅう

意味　間違えることや、その間違いのこと。（例）不正や誤謬を発見できる仕組みを整える。

です。本書でも、そうした実社会・実生活に活用できる読解力を磨けるようにしたいと考えています。

一生モノの読解力を身につける

いよいよこの後、読解法の説明に入ります。

いろいろなコツを通じ、皆さんにぜひ習得していただきたいと願っているのが、

①文章を誤解や曲解なくそのまま読みとれる
②書かれている要素の重要度を判別できる
③内容を自分でまとめられる

という3種の力です。

例えば、次のような文章を読んで、瞬時に要点を把握し、それを図解して、人に分かりやすく伝えられる力を身につけてもらいたいのです。

【例題：図解してみよう】

知名度と信用度は似て非なるものである。

単に名前が知られているだけの知名度と違い、信用度はどれだけ人々から「この人の言うことは信用できる」と思ってもらっているかの指標である。

信用を得るのに欠かせないのは、まず、ありのままの人柄が見えることである。型通りのマニュアル的な言動ではなく、本人らしさの見える言動が親近感を生み、信頼につながる。

同時に、嘘や演技なしに、本音で語っていることも信用の必須項目である。

読み方Check!

脆弱

× よくある間違い　きじゃく

○ 正解　ぜいじゃく

意味　もろくて弱いこと。コンピューターのソフトなどの安全上の欠陥にも使う。(例) システムに重大な脆弱性。

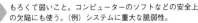

知名度と信用度は似て非なるものである。

単に名前が知られているだけの知名度と違い、信用度はどれだけ人々から「この人の言うことは信用できる」と思ってもらっているかの指標である。

信用を得るのに欠かせないのは、まず、①ありのままの人柄が見えることである。型通りのマニュアル的な言動ではなく、本人らしさの見える言動が親近感を生み、信頼につながる。同時に、②嘘や演技なしに、本音で語っていることも信用の必須項目である。

▼図解

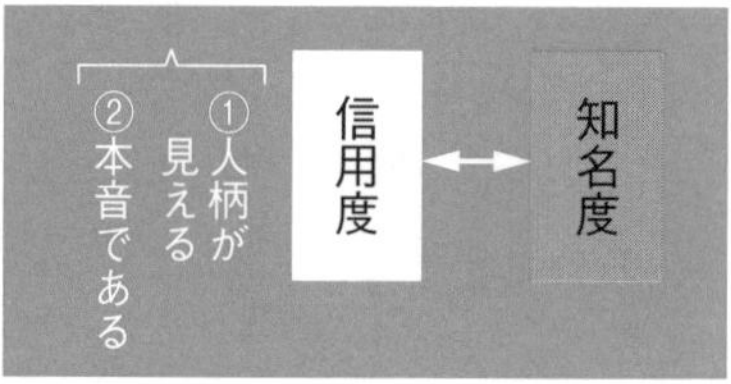

知名度と信用度が対比されており、後で詳しく説明されている信用度の方が重要であると判断しました。信用を生むためには何が重要であるかが2つ語られているので、ナンバリングして取り出したのです。

このような文章の図解は、文章を正確に理解していなくてはできません。図解は、文章中の一つひとつの語の意味はもちろん、文章の流れや構造も把握できている証です。

こうしたことを可能にするのが先ほどの3種の力なのです。

3種の力は、当たり前のことだと感じられるかもしれませんが、これらは本当に「言うは易し、行うは難し」。

この読解力を身につけられれば、その読解力自体が一つのビジネススキルだと呼べるほどの価値ある力です。

それを体得していただけるよう、一つひとつ説明していきます。

本書が皆さんの読解力向上、さらにはご活躍の一助となれば幸甚《こうじん》の極みです。

国語講師　吉田裕子

読み方Check!

真摯

× よくある間違い　しんげき
○ 正解　しんし

意味　まじめで、ひたむきな様子。（例）ご指摘は真摯に受け止めております。

目次

第3章 文章を図解できれば一人前

様々な図解法を覚えてアウトプットにつなげよう

第4章 これからの時代に欠かせないリテラシー

的外れな意見を言わないために

第5章 読解力を長期的に伸ばす

普段の「読み方」にちょっとした変化を

最終問題

第1章

読む力を鍛えるはじめの一歩

要点をいかにしてつかみとるか

「文章を読むのは苦手だな～」と感じている人へ。
最初におさえたいポイントを
本章で解説します。
何も、一度読んだだけで、
その文章の全てを理解しようとしなくていいのです。
文章に近づくための手がかりを見つけましょう！

文章から要点を見つけ出す

読むときに大切なのは、その文章の要点を見抜くことです。隅から隅まで、一言一句を完璧に理解しようとすると膨大な時間がかかります。そこまでの精読をしなくても、勘所を押さえ、おおよそのところを分かっていれば、実生活上は事足ります。まずは要点さえ押さえれば良いのです。

要点把握とは、「話題」と「結論」を押さえること。

この文章はそもそも何について述べていて［**話題**］、結局どのようなことを言いたいのか［**結論**］。この二点が答えられるようにしましょう。

では、左の文章の話題と結論は何か、下の解答例を隠して考えてみてください。

黒髪の学生がリクルートスーツで集まる。そんな就職活動は、過去のものになりつつある。「普段の人となりを知りたいので、私服で来てください」という面接審査はもはや珍しくない。ユニークな就活は年々広がりを見せている。1泊2日の合宿を通して、協調性やリーダーシップなどを見る選考もある。中には、リアル脱出ゲームや麻雀での選考も。人手不足の中で何とか優秀な人材を獲得しようと、各社しのぎを削っているのだ。

▼

解答例

話題：就職活動の選考方法について

「〜について（関して）」「〜の件」などにつなげるイメージで、そもそも何の話をしているか、を見極めます。

結論：人手不足の中で優秀な人材を獲得するため、各社ユニークな選考を導入している。

具体例に（　）を付けつつ読みましょう。例を通じて、結局、何を伝えたいのだろうと考えれば、結論が見えてくるはずです。文章の最後や具体例の前後にまとめが書かれていることも多いです。

読み方Check!

喧伝

✕ よくある間違い　せんでん
〇 正解　けんでん

意味　世間に言いはやし、伝えること。（例）あの事件は随分と喧伝された。

要点把握のコツ

文章にタイトルや見出しが付いている際には、それが、要点把握のヒントになります。新聞各社やＮＨＫの提供するニュース記事では、タイトルを見ただけでニュースの概要が理解できるよう、工夫された記事タイトルが付けられています。そのタイトルを大いに参考にしながら、話題・結論を答えられるようにします。

ただし、同じウェブ上の記事でも、芸能トピックやコラムの場合、わざと結論の部分を伏せた記事タイトルが付けられることが多いです。

・朝ドラ女優〇〇の艶の秘密は
・夜型人間の早起きの秘訣３つ

こういう場合には、タイトルは「何について（話題）」の参考にしかなりません。結論のほうは本文から自分で抽出することになります。物によっては、ミーハーな関心を集めるために、センセーショナルな発言を見出しにしている記事もあります。そういう見出しは、記事の本題とは関係が薄いものです。そうした引っかけに留意しながら、話題と結論をずばり説明できるよう、情報を拾い出しましょう。

仕事上の文書も多くは、ファイル名などから、書かれている話題を把握することができます。ただ、「〇〇について」「〇〇報告書」といった感じで、結論のほうは書かれないのが一般的です。中身を読んで、結論を拾い出す必要があります。

記事タイトルやファイル名などから内容が分からない場合には、本文を読み、ゼロから探さなくてはなりません。

その際には、自分に質問してくる人をイメージすると良いでしょう。

「何についての文章なの？」
「結局どういうことなの？」
そう尋ねてくる知人に教えてあげるつもりで、情報をまとめましょう。

要点把握に関し、参考になるのが、ライブドアニュースのサイトです。

読み方Check!

漸く

× よくある間違い　**しばらく**
〇 正解　**ようやく**

意味　時間や手間のかかった後に、やっと待っていたことが実現する様子。どうにかこうにか。かろうじて。

livedoor®NEWS
「仕事は行きたくないけど」その後に続く言葉に共感する声相次ぐが2022.1.10配信分より

「仕事は行きたくないけど…」その後に続く言葉に共感する声が相次ぐ

f 0　16　LINE　2022年1月10日 12時30分

ざっくり言うと

［話題］ 「仕事は行きたくないけど」から始まるツイートが話題になっている

［結論］ 投稿では「行っちゃえば自動的に『しっかりした自分』になれる」と続く

［詳細や余談］ 「まさに、今朝思ってたことだ！！」など多くの共感が寄せられている

このサイトでは、ニュースに箇条書き3項目のまとめが付いています。

その名も「ざっくり言うと」。

利用者は、記事本文を読む前にそのまとめで概要を理解することができるのです。

箇条書きの一つ目が、このニュースは何の話なのか［話題］。

二つ目が、今回どういうことが起こったのか［結論］。

三つ目が、詳細や余談、この件への周囲や世間の反応など。

こうした順序で書かれていることが多く、本文と見比べると、要点把握の勉強になります。

要点把握をする際に注意をしたいことがあります。

文章を読むというのは、相手の土俵で戦う行為だということです。書き手が言おうとしていることを汲み取るのが、文章を読む目的です。書き手のリズム、書き手の流れに乗っていくことが重要です。

どんな文章でも、自分の個人の視点・関心に基づいて読んでしまう人がいます。それぞれの感性で味わう文学作品なら、それでも良いのですが、論理的な意見文やビジネス上の文章に関しては、まずは書き手の側が何を書いているか、何を伝えようとしているかに注目するようにします。

初読では必要以上に自分の主観を交えない、と心得ましょう。

要点とは、読み手が個人的に気に入ったところではありません。

文体や言葉のチョイスが好きだとか嫌いだとか、そういう問題でもありません。

読み方Check!

鋭意

× よくある間違い　**せんい**

○ 正解　**えいいい**

意味　気持ちを集中し、一生懸命励むこと。（例）新システムは鋭意開発中です。

初読時は、賛成できるかどうか、好きか嫌いかをいったん脇に置いて、冷静に客観的に文章全体を読むようにします。意見や感想批判は後から持てば良いのです。

また、書き手の意見自体に反論するのではなく、書き手が説明に用いた具体例の細かなミスに文句を言う人がいます。しかし、本筋ではない部分の揚げ足を取っても、建設的な議論になりません。

主張の核心（＝要点）をつかむこと、話が本題からそれないことを常に心がけましょう。

まとめ

- 要点把握は、話題と結論の二つを答えられるようにすること
- 文章を読むときには、主観を脇に置き、書き手の言いたいことを読みとる

要点発見トレーニング
2択で学ぶ重要文判定

重要箇所を見極める練習をしてみましょう。
2択の問題を4題出題します。AとBどちらの部分・文が重要か、選んでみてください。

Q
第一問　どちらが重要？
A 当社の新規事業にも競合が出てきている。B X社は価格が売りの○○というサービス、Y社は個別対応が売りの▲▲というサービスで少しずつ顧客を増やしている。

答えはAです。
Bの文は細かい具体例。結論を端的にまとめるなら、Aになるわけです。
もちろん、具体例はイメージをつかむのには欠かせませんが、細かい話にこだわっ

読み方Check!
汎用
× よくある間違い　**ぼんよう**
○ 正解　**はんよう**
意味　多方面に広く用いること。幅広く使える物を「汎用性が高い」と評する。（例）純正品でなく汎用品のトナー。

ていると、読むのに時間がかかってしまいます。
ざっくりと情報をつかみたいときは、まとめの部分を重点的に読みます。
例示が出てきたら、頭の中で「で?」「結局どういうこと?」という疑問を立て、まとめを見つけるようにします。

・「【 まとめ 】。例えば【 具体例 】。」
・「【 具体例 】。このように【 まとめ 】。」

のような形で、まとめと具体例はセットで出てきていることが多いので、まとめの部分を重点的に理解しましょう。

Q 第二問 どちらが重要?

評価されたいなら、言われたことをやる(A)だけではなく自分から仕事を探すこと(B)が必要だ。

答えはBです。

「〜というだけでなく」の部分には、当然の前提になるような話が入っているだけで、後ろの内容を強調するための言い回しなのです。

今回の文でも単に言われたことをやるだけでは不十分で、自分から仕事を探すことまでを会社からは求められていると伝えたいわけです。

・「◯◯だけでなく××」と書いてあれば「××」
（◯◯に加え、××）
（例）彼は専門のマクロ経済**だけでなく、行動経済学にも詳しい。**
←こちらが重要！

・「◯◯だが、××」と書いてあれば「××」
（◯◯けれど、××）（◯◯ものの、××）
（例）いくらか減少は見られる**ものの、全体としては増加傾向だ。**
←こちらが重要！

という、後ろの表現が強調される構文を覚えておきましょう。

読み方Check!

含意

×よくある間違い　ふくい
○正解　がんい

意味　表面にあらわれない意味を含み持っていること。また、その意味。（例）含意まで読み取る必要がある。

Q 第三問　どちらが重要？

A 最近は社内に佐藤さんのような若い人も増え、活気が出てきたような感じがして、嬉しく思っています。

B さて、佐藤さんの定期面談を来月上旬にやろうと思うのですが、何日がご都合よろしいでしょうか？

答えはBです。

これは簡単だったかもしれませんね。

「さて」の手前までは、本題に入るまでの導入部分でした。手紙でいう時候の挨拶、落語でいう話のマクラの部分です。

こうした部分は話の潤滑油程度に入っているだけなので、本題のほうにだけ注目すれば良いのです。

これは長い文章でも同じです。

会議があるのに会社に遅刻しそう。会社に電話をしたほうが良いとは思うけれど、車内から電話をかけるわけにはいかない。電話をかけるために、いったん電車を降りてしまうと、一本後の電車になってしまい、ますます遅刻してしまう。メールで連絡するにしても、もう上司は会議室に行っていて見ないかもしれない。それなら会社に一秒でも早く着いたほうが――そう思って会社にダッシュしたら、こっぴどく上司に叱られたことがあります。皆さんもこうした経験はありませんか？

遅刻しそうなときに連絡しない、これは「報連相」ができていません。報連相とは、仕事をスムーズに進める上で欠かせない「報告」「連絡」「相談」のこと。

・報告…上司からの指示に対し、部下が経過や結果を知らせること。
・連絡…必要な情報を関係者に知らせること。
・相談…判断に迷うときに上司や先輩、同僚に意見を求めること。

会社はチームワークで仕事をしていますので、自分だけで抱え込まず、こまめに報連相することが欠かせないのです。手間がかかるように思えるかもしれませんが、無駄な待機時間・気苦労などが減り、全体としてはむしろ業務の効

読み方Check!
些末

× よくある間違い　**そまつ**
○ 正解　**さまつ**
意味　重要でない、小さなこと。些細なこと。（例）些末なことにとらわれて、本質を見失ってはいけない。

率化が図れるのです。
報連相なしで、トラブルが大きくなってから発覚した場合、取り返しのつかない事態になってしまうことがあります。特に悪い見込みが出てきたときほど、こまめに報連相することが欠かせません。

第一段落には話の入り口として筆者の体験談が書かれていました。これは、書かれている内容が身近なことである、という印象を与えて文章に引き込むテクニックです。結局は具体例ですので、まとめである本題（今回なら後半）のほうが重要です。
一方、後ろに余談がついている場合もカットできます。結論の後に、「ちなみに……」「なお……」などと続いている場合です。「○○であると言える。ただし▲▲は除く」といった一部の例外も、大意をつかむ上では読み流しても良いでしょう。

【前置き】＋【本題】＋【余談】

こうした構成の場合は【本題】だけ読めばいいのです。

特に、ブログやエッセイ調のコラムの場合、言いたいことは一つだけなのに、長い前置きと余談によって文章量が膨大になっているケースが多いです。文章を楽しみたい場合はじっくり読めば良いでしょうが、有益な情報を探して読む場合は、肝心の部分以外は読み流しても良いでしょう。

Q 第四問　どちらが重要？

A プレゼンテーション資料は内容だけでなく、見た目にも凝るというのがこれまでの常識だった。B しかし、労働の効率化が重視される中、社内のプレゼン資料は簡素にすべきだという意見が日本でも主流となりつつある。

「しかし」という逆接の接続語からも分かる通り、前半と後半では、逆の内容を言っています。重要なのは後半部分、Bです。

ここでは従来の一般論を書いた後に、書き手が本当に伝えたいことを書いています。

A（前半）は、参考までに挙げた、従来の一般論なのです。反論・反証するために挙げたに過ぎない部分であり、書き手はここを伝えたいわけではありません。

読み方Check!

逆鱗

× よくある間違い　ぎゃくりん
○ 正解　げきりん

意味　竜のあご下の逆向きの鱗に触れると、竜が怒る伝説から、目上の人の激怒をいう。（例）顧客の逆鱗に触れた。

この文章では恐らく、この後、社内プレゼンを簡素にした企業の例が挙げられるなどして、労働効率化の方向に話が展開していくはずです。

こうした話の流れを見極められない人が、A（前半）の内容に反応する例が見られます。この第四問の例文がツイッターでの田中という人の発言だとすると、

プレゼン資料の見た目に凝るとか、田中さん時代遅れ過ぎ。失望した。

自分の考えを常識とかいう田中氏なんなの？　プレゼン資料なんてどうだっていいじゃん。

見た目で決まらないプレゼンで、見た目に時間を費やす日本企業の皆さんお疲れ！

と、前半の内容だけを見て、反射的に書き込んでしまっている的外れな指摘が散見されます。

田中さんが伝えたいのは、日本でも簡素化する方向に変わってきているという今の潮流です。それを読みとれない人が勝手に失望したり怒ったり調子に乗ったりしてい

るわけです。批判している当人は、田中さんに勝ったつもりでしょうが、実は、読解力不足という恥を晒してしまっています。

書き手が参考までに紹介した、

・従来のあり方
・世の中の常識
・書き手とは違う立場の意見
・書き手の意見に当てはまらない少数の例外

の部分には飛び付かず、筆者の言いたい部分にこそ注目しましょう。

では、この節のまとめとして、少し長い文章の重要度判定に取り組んでみましょう。

Q 次の文章の中で重要な文はどこでしょうか。2文指摘しなさい。

読み方Check!
忸怩
× よくある間違い　ちゅうでい
○ 正解　じくじ
意味　自分の言動について、心のうちで恥じ入るさま。（例）内心忸怩たる思いを抱えていた。

①顧客単価を上げるには、「フット・イン・ザ・ドア」というテクニックを覚えておこう。②これは、人間心理を利用したアプローチである。③訪問セールスを想像して欲しい。④自宅にいきなりやって来た営業マンを家に上げる人はそうそういない。⑤「結構です」とでも言って、ドアを閉めようとするだろう。⑥そのとき、熱心な営業マンなら、ドアに足を挟んででも止める。⑦そして、「このままで良いので、少しだけ話を聞いてください」と言うのだ。⑧相手が「じゃぁ、少しだけ」と受け入れてくれたら、営業マンとしてはもうガッツポーズである。⑨そこから食い下がっていけば、ほぼ確実に契約に結び付けられるからである。⑩足だけでも家に入れるのを認めた時点で、その顧客候補は営業マンに「YES」と言ってしまっている。⑪一度、「YES」を言った相手に対し、意見を覆して「NO」と言うのは人間心理上難しい。⑫「じゃあ」「じゃあ」と受け入れているうちに、契約も受け入れることになる。⑬このテクニックを販売戦略に採り入れる。⑭安い商品を買ってもらうことから始め、買うことに慣れた顧客に対し、徐々に要求レベルを上げ、最終的には高額な商品・サービスも買ってもらうようにするわけだ。

答え ①・⑭

③〜⑫は、訪問セールスという具体例を用いて説明している部分です。具体例よりはまとめの部分が重要ですので、優先度の低い部分です。

また②⑬は漠然とした情報だけで、無くても通じる部分なので、カットできます。

①には、「顧客単価を上げる」という目的や「フット・イン・ザ・ドア」というテクニック名がズバリ入っていますし、⑭は一文でテクニックの内容をまとめている文なので、①⑭の2文を取り出せると良いでしょう。

日本語の文章の場合、このように、最初で話題を提示し、最後に結論が提示されるパターンが比較的多いということも覚えておきましょう。

まとめ

重要部分判定の鉄則は ①「AだけでなくB」「Aだが、B」は「B」が重要 ②具体例より「まとめ」を重視する ③前置き・余談をはぶいて、本題に注目する ④参考意見より、書き手自身の意見を尊重する

読み方Check!

慟哭

× よくある間違い どうきゅう
○ 正解 どうこく

意味 悲しみのあまり、声を上げて泣くこと。(例) 恩人の訃報に接し、慟哭せずにはいられなかった。

大切なことは繰り返し出てくる

文章中の要点を探すのは、別に、砂漠の中で砂金を探すような、途方もない話ではありません。

前節の「要点発見トレーニング」で紹介したような、重要度を判定する法則もありますし、実は**要点というのは文章中に何度も繰り返し書いてあることが多い**のです。

とは言え、

大人になっても成長する意欲が大事だ。大人になっても成長する意欲が大事だ。
大人になっても成長する意欲が大事だ。大人になっても成長する意欲が大事だ。
大人になっても成長する意欲が大事だ。大人になっても成長する意欲が大事だ。

というような文章はありません（こんな文章があったら気持ち悪いですね……）。

ひたすら同じ文言を繰り返すのはおかしく見えます。少しずつ言い方を変えながら、同じ趣旨のことを繰り返し書くのが普通です。

大人になっても成長する意欲が大事だ。勉強をするのは子どものときだけではない。

「子どものときだけではない」というのは、「子どものときだけでなく、大人になってからも勉強は続く」という意味ですから、結局は一文目と二文目で同じ内容を繰り返しています。言い方を変え、二回書くことで結論を強く印象付けたのです。

大人になっても**成長**する意欲が大事だ。本を読んだり仕事の進め方を工夫したりすることで、日々**進歩**しようとすべきだ。

こちらでは漠然とした一文目に対し、二文目は具体的な記述です。具体性の度合いこそ違いますが、「成長」≒「進歩」ですし、一文目の「意欲」も

読み方Check!

不埒

× よくある間違い　ふしょう
○ 正解　ふらち

意味　道理に外れていて、けしからぬ様子。不届き。（例）とんだ不埒を働いたものだ。

二文目の「〜しようとする」という表現に通じます。こうした類似表現もあり、同じことを繰り返し主張していることが分かります。例が入っているので、イメージがしやすくなっています。

> **前に進もう**とする限り、人は一生青春である。大人になっても**成長**する意欲が大事だ。

この一文目はちょっとしたポエムです。

ただ、先ほどの例と同じで、「前に進む」≒「成長」、「進もうとする」≒「意欲」という表現の類似から、同じメッセージを伝えようとしている二文であると分かります。

一つの主張を確実に読み手に届けたい——そう考えたとき、書き手は、日常的な言葉で言ってみたり、文学的な表現を選んでみたり、学術的な難しい用語を使ってみたりと、様々なアプローチを試すものです。

同じ言葉の繰り返しや類義語の登場をヒントにしながら、同様の内容を述べている箇所に線を引き、つなげておくと分かりやすいです。

そして、実質上繰り返しになっている中で、最も明快な表現で書かれた箇所に注目して、要点理解に努めましょう。

まとめ

- 要点は表現を変えながら繰り返し書かれる
- 同じ語や類義語をヒントにして、文中のどの部分とどの部分が同じか見極める

読み方Check!

寡聞

× よくある間違い　かもん

○ 正解　かぶん

意味　見聞が狭く浅いこと。自分の見識に関し、謙遜していう語。
(例) 寡聞にして存じませんでした。

複雑な文をシンプルにとらえる

文章を読む上で強敵なのが、複雑で難解な文です。

・「。」が来るまで、何行も何行も続く長い文
・入り組んでいて、一度読んだだけでは、文の組み立ても理解できない文
・使っている単語が専門的で難しい文

このような文は、目に入った瞬間に「うげぇ〜」と感じてしまうものです。

実に強敵です。立ち向かうために必要なのは、この強敵を何とか自分の手の届くところに引き寄せようとする努力です。

細部は分からなくても、根幹だけでも把握しようとする。言いたいこと［結論］は分からなくても、とりあえず何について話しているか［話題］だけは読みとる。

そんな風に、理解の手がかりをつかもうとする姿勢が重要です。手がかりがあれば、少し引っかかった部分から、何とかもう少し近づくことができます。

さて、まずは長い一文を読み解く上での基本を確認しましょう。

文の基本構成要素は、主語と述語です。

（主語）（述語）
- **Aが――どうする**
- **Aが――どうした**
- **Aが――何だ**

日本語の場合、主語が省略されている文も多いのですが、たとえ省略されているにしても、主語と述語のセットが文の根幹です。

長く複雑な文を少しでも理解しようと思ったら、主語と述語を押さえるのが最初の

読み方Check!

希有

× よくある間違い　**きゆう**
○ 正解　**けう**

意味　極めてまれな様子。非常に珍しいこと。稀有とも書く。（例）実にバランスの取れた、希有な人材だ。

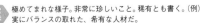

1歩です。

日本語では主語は省略されることも多いので、先に述語から押さえましょう。

述語はたいてい文の最後にあります。動作や状態を表す部分です。

Q

次の各文の述語に線を引いてみましょう。

①門限は十一時です。

②スカイツリーから見る夜景は美しい。

③必ず何とかして参加します、二次会には。

①の答えは「十一時です」、②は「美しい」です。

最後の③だけはちょっと意地悪な問題です。この文には、倒置法といって、文の中で順番を入れ替える表現が用いられています。本来は「二次会には必ず何とかして参加します」。この文末に当たる「参加します」が述語なのです。

このように、一般的には文の最後にあって、動作や状態などを示すのが述語です。

そして、述語の主体になる部分を、主語と呼びます。

一般には、

・**〇〇が**
・**〇〇は**

という部分だと説明されます。ただ、この形だけではありません。

・**君も**行くのか。
・**彼でさえ**知っている。

のように、「〇〇が」「〇〇は」の形ではない主語もあるのです。形で覚えるよりも、先に述語を見つけ、その述語に対して「何が？」「誰が？」と疑問で尋ね、その答えになる部分を探すのが確実です。

では、主語を探す練習をしてみましょう。

読み方Check!
威嚇
✕ よくある間違い　いしゃく
〇 正解　いかく
意味 おどすこと。威力・武力をもって相手を恐れさせること。
（例）動物は体を大きく見せ、相手を威嚇する。

Q

次の文の主語に線を引いてみましょう。

きれいなチューリップが咲いている。

正解は「チューリップが」です。「きれいなチューリップが」と長く引いた人もいるかもしれませんが、それでも構いません（学校の国語では、二文節以上にわたって長くとらえた場合は、主語ではなく主部と呼びます）。

複雑な文の主語・述語を見極める

もう少し複雑な文もやってみましょう。文全体の主語を探してください。

Q

次の文の主語に線を引いてみましょう。

彼が読んでいる雑誌は『週刊少年ジャンプ』である。

分かりましたか？

もしかしたら、「彼が」に引いてしまった人もいるかもしれません。

しかし、この文の場合には、文全体の結論に当たる述語が「『週刊少年ジャンプ』である」です。この述語に対する主語を探さなくてはなりません。

「『週刊少年ジャンプ』である、何が？」と問うてみると、「雑誌は」の部分が主語であると分かります。「彼が『週刊少年ジャンプ』である」ではおかしいですからね。

つまり、主語が「雑誌は」、述語が「『週刊少年ジャンプ』である」です。

ただし「雑誌」を説明するサブの部分にも、「彼が（主語）読んでいる（述語）」というサブの主述セットがあります。

こういう風に、複数の主述の入り組んだ文が誤読しやすいのです。

では、この文全体の主語・述語はどこでしょう？

Q
次の文の主語と述語に線を引いてみましょう。
彼は、今なおラジオというメディアが持つ可能性に気づいた。

読み方Check!
疾病
× よくある間違い　しつびょう
○ 正解　しっぺい
意味　病気。（例）癌、急性心筋梗塞、脳卒中の３つの病気を「三大疾病」と呼んでいる。

まず文全体の述語は、最後の「気づいた」ですね。この述語を見極めた段階で、「誰が?」と質問してみると、最初の「彼は」が答えになりますね。

彼は《（主語）》、今なおラジオというメディアが持つ可能性に気づいた《（述語）》。

このように、主語と述語が離れているケースもあるのです。

特にこの文は、サブとして「メディアが（主語）持つ（述語）」という主述のセットも出てきています。だから複雑なのです。

複雑ではあるのですが、**まず述語を押さえ、そこから疑問文を使いながら主語を見つけ出すことで、文が理解しやすくなります。**

そして、「彼は気づいた」という主述のセットを見つけたところで、

「何に気づいたの?」→「可能性に」

「どんな可能性に?」→「ラジオというメディアが持つ」

と疑問文でたどると、全体が見えてくるわけです。

このように段階を踏んで理解するためにも、まずは主語と述語のセットで、おおまかな枠組みを知るのがよいのです。

余計な部分をカットする

次に、長い文を理解するための第二のアプローチとして、余計な部分をカットする、という方法をご紹介します。

少し遠まわりに説明することになってしまうのですが、ご容赦ください。

私は、塾の現代文の授業で「解答を引き延ばす方法」を教えています。

それは、**①対比・譲歩　②理由・目的　③具体例　を足す**ことです。「譲歩」というのは、「君の言うことにも一理あるが」といった、意見の違う相手にいったん合わせる部分のことです（詳しくは67ページ）。さっそく実例を見てみましょう。

読み方Check!

常套

× よくある間違い　じょうちょう
○ 正解　じょうとう

意味　ありふれた、決まりきった仕方。（例）あれこれ悩んで、結局は常套句に落ち着いた。

野球が好きだ。

（具体例）打たせて取るピッチングなど、（理由）チームメンバー同士の深い信頼関係に感動するので、（対比）マラソンなどの個人競技よりも、野球が好きだ。

3要素を足すことで、文が長くなりました。

ということは、逆に、**①対比・譲歩　②理由・目的　③具体例を1マス削れば、文は短くなる**わけです。ですから、具体例や対比には（　）を付けてしまいましょう。大まかに結論を把握したいだけなら、理由もカットして良いでしょう。

Q

次の文の、対比・譲歩、理由・目的、具体例に（　）を付けてみましょう。

たとえ給料が上がるとしても、年老いた親を東京に残していくのは心配なので、私は三重などの地方に転勤するのは避けたい。

解答例はこちらです。

（たとえ《譲歩》給料が上がるとしても、）（年老いた《理由》親を東京に残していくのは心配なので、）私は（三重《具体例》などの）地方に転勤するのは避けたい。

3要素を除くと、「私は地方に転勤するのは避けたい」という短い文になります。

文の意味を単純化して理解する

さてもう一つ、文の意味を単純化して、さっと理解するアプローチとして、ポジティブ・ネガティブという観点をご紹介します。

文章を読んでいて、分からない単語が出てきたときには小まめに辞書を引くのが大原則ですが、辞書を引けない場面もあります。そのとき、前後の文脈から、単語の意味を類推して読まなくてはなりません。

そういった場面で使うのがポジティブ・ネガティブに注目する方法です。

Q 次の各文を読んでみてください。

読み方Check!

生粋

× よくある間違い　**なまいき**

○ 正解　**きっすい**

意味　まじりけが少しもないこと。（例）生粋の江戸っ子らしい、チャキチャキした性格。

傍線部からポジティブな印象を受けますか？　ネガティブな印象を受けますか？

⑧そこで遭遇したのは、僥倖であった。
⑨とうとう実態を知ってしまったのである。
⑩彼の研究は、ある種のイデオロギーの影響が感じられた。

答え
⑧ポジティブ（「僥倖《ぎょうこう》」はめったにない幸せのこと）
⑨ネガティブ（「実態」という語自体は「実際のありさま」という中立的な語であるが、実際には、表沙汰にすべきでないような内部事情を表すのに用いることが多い。「〜てしまった」という文末もネガティブさを醸し出している）
⑩ネガティブ（「イデオロギー」は政治・社会に対する考え、思想傾向という意味だが、実際には、特定の方向に偏った思想傾向を非難する際に用いることが多い）

単語自体は知らなくても、⑧のように、漢字の作りから雰囲気が分かる場合があります。

また、⑨のように、単語周辺の助詞・助動詞などの使い方から、文脈がポジティブかネガティブかを判別することができる場合もあります。

こうして、ポジティブ・ネガティブを大雑把に把握するだけでも、読解の助けになるのです。

まとめ

■ 主語と述語を抽出したり、対比や理由・具体例などを省略したりすることで、文を短くして理解する

■ 難しい単語が出てきたら、せめてポジティブかネガティブかを見極める

読み方Check!

暖簾

× よくある間違い　だんれん

○ 正解　のれん

意味　店先に張る布で、多くは屋号や家紋が染め抜かれていた。そこから転じ、店の格式や信用、ブランドをいう。

第2章

読解の三大ポイント

❶接続語　❷指示語　❸助詞
をマスターする

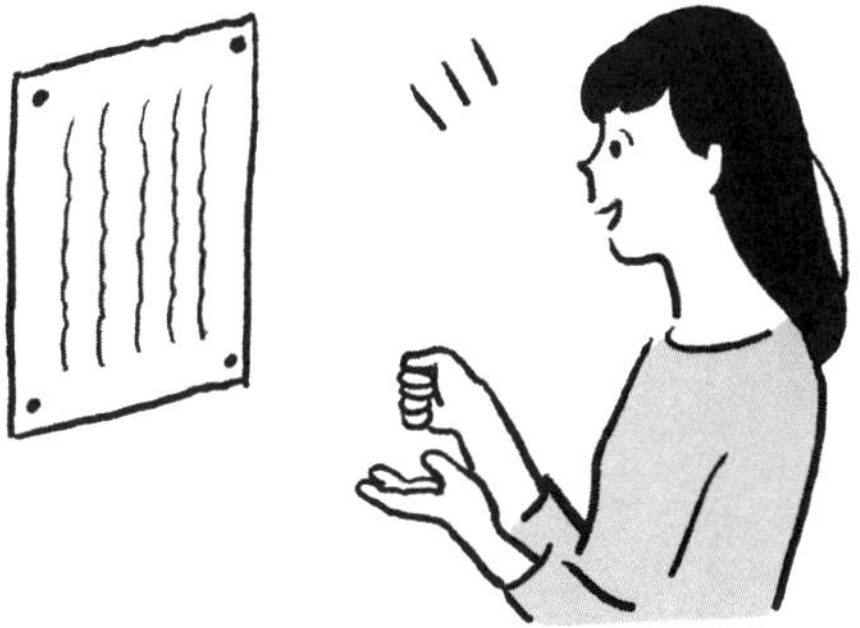

文法用語がでてくるだけで
うんざりという人もいるかもしれません。
でも、話をつなぐ接続語・指示語を学べば、
文脈を把握することができます。
筆者がどのような流れで話をしているかが分かれば、
流れに乗ってスムースに文章を読むことができます。
そこに細かいニュアンスを加えるのが助詞。
助詞に注目することで、
さりげなくにおわされたメッセージを
感じとることができるのです。

文の流れをつかむトレーニング
空欄に接続語を入れてみよう

接続語はつなぎ言葉、文と文を接続する言葉です。順当な流れなのか、予想外の流れなのか、補足なのか、などと文同士の関係を示してくれるので、接続語があることで文章の流れは明快になります。

代表的な接続語には、次のページのようなものがあります。それぞれの役割を覚えておきましょう。そして、接続語をもとに区切り線や矢印といった記号で流れをメモしていくと便利です。

本節では、こうした接続語の役割を理解できているかどうか、穴埋めトレーニングで試してみたいと思います。

役割	例	使い方	例文
順接	だから そこで したがって すると	前の内容が原因・理由になって、後の内容が結果・結論を示す	夏は売上が伸び悩むのが常だった。 だから、コラボ商品を入れることでテコ入れした。
逆接	しかし だが ところが でも それにもかかわらず	前の内容から予想される内容とは、逆の内容が来る	黒烏龍茶はもともと中年男性をターゲットに売り出した。 しかし、意外なほどに若い女性から反響があった。
並列	および また ならびに かつ	前の事柄に後の事柄を並べる	北町の祭りは12日だ。 また、南町は16日だ。
添加	その上 しかも さらに そして	前の事柄に後の事柄を付け加えたりする	その日は暑かった。 しかも、95%の湿度だった。
対比	逆に 一方 他方	前の事柄と後ろの事柄を対比する	文章を自由に書かせると、彼の右に出る者はいなかった。 一方、お題を決められると、筆が止まってしまう。
選択	または あるいは それとも もしくは	前後の事柄のどちらかを選ぶ	持ち帰りますか、それとも、宅配便で送りますか。
説明・補足	なぜなら ただし なお 例えば	前の事柄に後から説明を付け加える	会社全体は売上目標を達成した。 ただし、商品Aだけは目標を大きく下回っている。
換言	つまり すなわち 要するに	同じ内容を別の言葉で言い換える	優しい人で、恋愛にも出世にも特に欲を見せない。要するに、現代風の草食男子なのだ。
転換	さて では ところで それでは	話題を切り替える	先日は誠にお世話になりました。 さて、今回ご連絡した用件なのですが……。

読み方Check!

剥奪

× よくある間違い　ていだつ
○ 正解　はくだつ

意味　はぎ取ること。奪い取ること。（例）不正により、参加資格を剥奪された。

Q 次の文章の（　　）に入る接続語を考えてみてください。

寒い日だった。（　　　　）、彼は薄着だった。

これは「寒い日だったら普通は厚着だろうに、彼はなんと薄着だった！」という、予想外の驚きが表現されている流れなので、「しかし」「ところが」「それなのに」などの逆接の接続語が入っていると自然ですね。

Q 次の文章の（　　）に入る接続語を考えてみてください。

若い人に響くに違いない。（　　　　）、価格が安い上に、洗練されたデザインだからだ。

内容的に前の文の理由説明になっているのに加え、文末が「だからだ」となっており、ここと呼応する「なぜなら」「と言うのも」がぴったりです。

Q

次の文章の（　）に入る接続語を考えてみてください。

夢のあるプランですね。（　　　）、実現できれば。

後ろの文が条件、但し書きになっています。「ただし」を入れます。

最後に、少し長い文章で接続語の穴埋めに挑戦しましょう。

Q

次の文章の（　）に入る接続語を考えてみてください。

私は、社内のコミュニケーションをより活性化すべきだと考えています。（　①　）、直属の上司と部下のあいだ以外では、十分にコミュニケーションが取れているとはいえないからです。（　②　）、近年、様々な会社で、社員一人ひとりが決まった机を持たないで、自由な席で仕事をするフリーアドレスの制度が導入されているようです。（　③　）、文房具で知られるコクヨなどがそうです。機密性の高い業務を行う経理部門などを除き、社員は管理職も含め、固定の席を持たないそうです。

読み方Check!

未曾有

× よくある間違い　みぞうゆう
○ 正解　みぞう

意味　漢文風に読むと「いまだかつてあらず」。今までに一度もなかった珍しいこと。（例）未曾有の不景気。

部署間の垣根がなくなって意思決定が速くなり、偶然隣同士になった縁から新たな企画が動き出すこともあるそうです。（　④　）、席がない分、書類などをため込むこともできないので、ペーパーレス化を始め、オフィスの整理整頓が進んだとのことです。
（　⑤　）、フリーアドレスにはメリットも多いです。（　⑥　）、フリーアドレスに賛成です。

答え

①**なぜなら、と言うのも　など**　前の文の「活性化すべき」に対し、理由を説明している文です。「〜からです」という文末に合わせられる接続語を選びます。

②**さて、ところで、そう言えば　など**　前の文から話を切り替えています。

③**例えば、具体的には**　様々な会社で導入されている→コクヨで導入されている、という流れなので、具体例を挙げられる語を選びます。

④**しかも、さらに、その上　など**　前の文で意思決定のスピード、新たな企画というメリットを紹介した上に、後の文で整理整頓というもう一点のメリットを付け加え

ています。

⑤**このように** コクヨの具体例を端的にまとめる一文ですので、これまでの議論をまとめる「このように」が合います。

⑥**だから、従って など** メリットが多い↓賛成、という納得の行く流れなので、順接の接続語を入れます。

まとめ

- 接続語それぞれの性質を把握する
- 話が変わるところに／を入れたり、反対の内容を⇕で対比したり、書き込みながら内容を正確に理解する

読み方Check!

骨子

× よくある間違い **ほねこ**

○ 正解 **こっし**

意味 要点や骨組みのこと。(例)議論の骨子を報告書にまとめる。

「たしかに」という言葉から筆者の意見を見極める

「たしかに」というのは面白い言葉です。辞書を引くと、

ことの実現に間違いのないさま。確実であるさま。（小学館『日本国語大辞典』）

と書いてあります。この定義だけを見ると、積極的に認めているように見えますが、実際の使い方はどうもそう単純ではありません。

たしかに君の言うことは分かる。

この例文、後ろにまだ何か続くように感じませんか？

たしかに君の言うことは分かる。しかし、もう企画は動き出しているんだ。

このように**「たしかに」の後ろには反論が付いてくるのが一般的です。**会話の「それな。でもさ〜」というときと同じです。

「譲歩」の接続語を押さえておく

「たしかに」は文章読解においては「譲歩」の接続語と呼ばれます。


他の人に道を譲る、で譲歩。

自分の意見や主張をこらえて、いったん相手の意向に従う部分のことをいいます。

今「いったん」と書いたのがポイントで、あくまで一時的な話なのです。

「ここまではたしかに言えるよね〜」と相手の意向に寄り添ってみせた後、「でもね、よく考えてごらん」と自分の意見をあらためて主張するのが譲歩の接続語なのです。

譲歩の接続語には「たしかに」の他に「もちろん」「むろん」「なるほど」「いかに

読み方Check!

幕間

× よくある間違い　まくま
○ 正解　まくあい

意味　歌舞伎などの演劇で、一段落して幕を下ろしている間。芝居の休憩時間。（例）幕間で夕食を済ませよう。

も」などがあります。

これらが出てきたら、後ろに「しかし」「でも」「だが」「〜が、……」と自分の意見に切り替わっている部分がないかを合わせて確認しましょう。

文章の前半だけ読んで、「この人、自分と同じこと言ってるわ！」と引用でもしようものなら赤っ恥ですので、ご注意を。

まとめ

- 「たしかに」「もちろん」などは譲歩の接続語という
- 譲歩は一時的なもので、後ろに自説を主張する逆接がある

接続語から後ろの内容を予測する

同じ1冊でも、速く読み終わる本もあれば、ずっと読んでいるのに読み終わらない本もありませんか？

もちろんページ数の違い、文字の大きさや余白の違いによって生まれる差もあります。ただ、それだけではありません。

私の場合、小説に比べ、ビジネス書はかなり速く読み終えることができます。

速読法を身につけている人には到底及びませんが、1冊あたり30分から1時間ぐらいで読み切ります。それが可能なのは、20代前半の蓄積があるからです。

就活を控えた大学3年生の半ばから、私は、ビジネス書・ビジネス雑誌を乱読し始めました。

ある時期には、毎号定期購読している雑誌だけで『日経ビジネス』『日経ビジネス

読み方Check!

伝播

× よくある間違い　でんばん
○ 正解　でんぱ
意味　伝わり広がって行くこと。広く伝わること。（例）キリスト教は広い地域に伝播した。

アソシエ』『日経WOMAN』『プレジデント』『東洋経済』『致知』という状況。

それに加え、月に1、2回は書店に行き、10冊ほどのビジネス書を買い込んでいました。


こうして一時期、浴びるようにビジネス系の本を読んだ蓄積によって、ビジネス書を読んでいると、かなりの割合で、

「あー、多分こういうことが書いてあるんだな」

という予測が立てられるようになりました。

そうすると、読むのが一気に速くなるのです。

見出しなどから予測ができることで、自分に不要だと感じた章・節を読み飛ばせますし、読むにしても、新たな領域を切り拓くのでなく、既に知っていることの再確認ですから、どんどん読み進めることができます。

これまでの知識をもとに**予測を立てながら読めば、読むスピード、理解するスピードが速くなる**わけです。

さて、ここで本節のテーマに入りますが、実は前節で学んだ「接続語」も予測に関係し、円滑に速く文章を読むためのキーワードです。

接続語をきちんと理解できている人は、この後に続く内容をある程度予測することができます。意識的にせよ無意識的にせよ、予測ができていれば、読むスピードが速くなるのです。

いくつか、トレーニングしてみましょう。

問題　（　）の中に入る内容を考えてみてください。

海外からの視察団の対応を任されたのだが、私は英語が大の苦手だ。
だから、（　①　）。

海外からの視察団の対応を任されたのだが、私は英語が大の苦手だ。
しかし、（　②　）。

①の場合、順当な結果になることを示す順接の接続語「だから」に続いていますの

読み方Check!

予め

× よくある間違い　よめ
○ 正解　あらかじめ

意味　事の起こる前から、そのつもりで覚悟・準備する態度。前もって。先立って。(例) 予め連絡しておく。

で、「ろくに質問に応えられず失敗した」という内容になることが予想されます。

一方、②の場合、予想を裏切ることを示す逆接の「しかし」に続いていますので、「身振り手振りを活用し、役目を果たすことができた」「直前に英会話学校に通って、何とか乗り切った」など、予想外にもうまくいったことが考えられます。

では、次の問題です。

Q ③や④にはどのような内容が入るでしょうか。

テレビＣＭなどの宣伝では、注目を集める必要があります。そこで、（　③　）。例えば、大企業のＣＭのキャッチフレーズともなれば、プロのコピーライターが何百個もアイデアを出した中で決まっているものです。ダジャレや替え歌が使われたり、挑発的なフレーズが選ばれたりもします。

ただし、（　④　）。企業の好感度や商品の売上につながらなければ意味がありません。

③は、順接の接続語「そこで」を受けている部分です。

注目を集める必要がある　↓　インパクトを残すように工夫する

というように、順当に導かれる結論を入れるべきです。

そうすることで、後ろの「例えば」で始まる具体例の部分ともきちんとつながるようになっています。

④の場合、「ただし」が使われています。

この接続語は「服装は自由です。ただし、露出の多いものはダメです」と使うように、全般的なことを述べた後で、例外やリスクを補足的に伝えるという目印です。後ろから注意事項を補足するわけです。

したがって今回の場合も、ダジャレや替え歌、挑発的なフレーズを使う際に注意しておかなくてはならないことを入れれば良いわけです。

「(ただし、) 会社や商品の品位を貶めるようなものはふさわしくありません」という感じでしょうか。こういう内容を入れれば、後ろともきちんとつながります。

読み方Check!

会得

× よくある間違い　かいとく
○ 正解　えとく

意味　物事をよく理解・習得し、すっかり自分のものにすること。
(例) 人付き合いのコツを会得した。

このように、**接続語を手がかりにすることで、後ろの流れを予測できる**ことを知っておきましょう。

予測ができれば、読む上での抵抗、引っかかりが減って速く読めるようになるのです。

まとめ

- 順接・逆接などの接続語から後ろの内容が予測できる
- 内容が予測できると、読むのが速くなる

指示語をきちんと把握する

これ・それ・あれ・どれ。いわゆる「こそあど言葉」のうち、「こ」「そ」「あ」の部分が指示語です。「彼」や「彼女」のような代名詞も指示語に含まれます。

指示語は、直前に書いた内容をもう一度繰り返すことを避け、文章をすっきりさせる機能を持ちます。

田中さんのプラモデルにかける情熱は、山田さんのプラモデルにかける情熱とは比べものにならない。

↓ 指示語ですっきりと

田中さんのプラモデルにかける情熱は、山田さんの**それ**とは比べものにならない。

読み方Check!

遡及

× よくある間違い　ぎゃっきゅう

○ 正解　そきゅう

意味　過去のある時点までさかのぼること。特に、法律をその施行以前の行為・事実にさかのぼって適用すること。

読解する上で重要なのは、**指示語がどの部分を指しているのかを正確に把握する**ことです。

たいていは直前に書いてある内容です。指示語が「その概念」「あの場」などと限定されている場合には、それぞれ「概念」「場」に該当するかどうかを意識して抜き出してくれれば良いでしょう。

合っているかが不安な場合、指示語を元の表現に戻したときに、文がきちんとつながるかどうかを確認します。

> 三重県は近畿地方に分類されることが多いが、少なくとも北勢地域の人間は**そう**とは感じていない。

この「そう」が受けているのは何でしょうか?

ひとえに「直前に書いてある」と言っても、いい加減で乱暴な抜き出しはいけません。

例えば、指示語の中身を次のように理解するのは、おかしいですね。

「そう＝三重県は近畿地方に分類されることが多い」と誤解した場合

指示語の中身を元の文に当てはめてみると

三重県は近畿地方に分類されることが多いが、少なくとも北勢地域の人間は、**三重県は近畿地方に分類されることが多い**とは感じていない。

私がこの三重県の北勢地方出身なのですが、「三重県は近畿地方に分類されることが多い」という事実は知っております。そうでなく、

三重県は近畿地方に分類されることが多いが、少なくとも北勢地域の人間は、**三重県は近畿地方に分類される**とは感じていない。

と理解するべきです。

先ほど、指示語の内容はたいてい直前に書かれていると述べましたが、まれに、後ろの内容を指していることもありますので、最初から決め付けてしまわないように

読み方Check!

委嘱

× よくある間違い　いぞく
○ 正解　いしょく

意味　特定の仕事を他の人に任せること。委託。外の人に依頼する際に使う。(例) 研究を委嘱する。

してください。

これは業界の人にとっては常識かもしれないが、**コンペで採用されなかった場合、そこにかけた労力に対する時間や手間には何の支払いもない**のだ。

という場合、「これ」が指しているのは、後ろの傍線部です。

では一つ、問題をやってみましょう。

Q 文章中の指示語はどれを指しているでしょうか？

熱中症には水分補給が大切だ。①それは誰もが知っているが、意外と②それを正しく実践できている人は少ない。例えば、水だけを飲むのは足りない。汗にはナトリウムが含まれる。③それを補うために、タブレットなどを利用した塩分の補給が欠かせない。④これは意外に知られていないのだが、経口補水液はがぶがぶ飲み干すものではない。⑤それはどちらかというと、大量に汗をかいた後、いざ脱水症状になってしまった後に飲むものなのである。⑥それを知らずに大量に買い込んでいる人も多い。⑦それは医療現場でも用いられている。

基本的には直前に出てきている内容ですが、⑦の内容はもう少し前に出てきていて、④だけは、指示語よりも後ろの内容を受けています。答え合わせの前に、指示語部分に内容を入れてみて、文が成り立つかどうか点検してみてくださいね。

答え

①熱中症には水分補給が大切であること
②水分補給
③ナトリウム
④経口補水液はがぶがぶ飲み干すものではないこと
⑤経口補水液
⑥経口補水液は大量に汗をかいた後、いざ脱水症状になってしまった後に飲むものであること
⑦経口補水液

読み方Check!

煩悶

×よくある間違い　はんしん
○正解　はんもん

意味　あれこれと悩み苦しむこと。苦しみ悶(もだ)える様子。(例)独りで煩悶するしかなかった。

硬質な文章にしばしば登場する「前者」「後者」（二つの事柄を並べて書く際、一つ目を前者、二つ目を後者と呼ぶ）という指示語、また、三つ以上の事柄を並べているときのナンバリング（一点目、二点目など）も、印を付けるなどして、正確に把握しながら読みましょう。

まとめ

- 指示語が出てきたら、直前の内容で該当箇所を探す
- 指示内容を、指示語の文に実際に入れてみて不自然でないか確認する
- 例外的に指示内容が後ろにある場合もある

助詞のにおわせるメッセージを読みとる

私**は**それ**しか**知らなかった**よ**。

右の例文の「は」「しか」「よ」のような語を助詞といいます。単独で使うことはなく、必ず名詞や動詞などの後に出てくる語です。ニュアンスを添えたり、語と語の文法的関係を示したりします。

私が呼ぶ。（「が」があることで、呼ぶ動作をする主語だと分かる）

私を呼ぶ。（「を」があることで、呼ぶ対象である目的語だと分かる）

文章を読解する上で、注目すべきは「副助詞」。助詞の中でも、文法的役割を示す

読み方Check!

凋落

× よくある間違い　しゅうらく
○ 正解　ちょうらく

意味　花などがしぼんで落ちること。そこから転じ、権勢が衰えること。（例）あの老舗もすっかり凋落した。

に留まらず、特別な意味を添える助詞のことです（さえ・まで・ばかり・だけ・ほど・くらい・など・やら）。

副助詞がどれなのかを厳密に覚えていなくても構いません。助詞が何か深いニュアンスをにおわせているな、と感じたら、そのニュアンスを掘り下げて考えましょう。

実際に見てみましょう。例えば「は」。

これは「人間は哺乳類だ」「僕は行く」のように、主語を示す際によく使われますが、それだけでなく、他の事柄との対比を強調する作用があります。

雪が降ることは想定していなかったのだ。

と言えば、この「は」の一文字で次のようなメッセージを示唆しているのです。

あれこれと十分に想定はしていたはずだったが、雪が降ることは想定していなかったのだ。

この用法は、日常会話でもよく用いますね。飲み会で「ビールは飲まない」と言えば、「ハイボールなどの他のお酒は飲むのかな?」という印象を与えます。

さて次は「も」。他も同じであることをにおわせる助詞です。

あの名監督の最新作は、私**も**観に行く。

と述べた場合、この「も」には、次のような意味合いを付加しています。

あの名監督の最新作は、多くの人が観に行くだろうが、私も観に行く。

このニュアンスをより強調するために、さらに言葉を添える場合もあります。

あの名監督の最新作は、さすがの私も観に行く。

読み方Check!

体裁

× よくある間違い　たいさい
○ 正解　ていさい

意味　外から見える形や様子。特に、他人や世間に対する見え方。
（例）気が進まないが、欠席するのも体裁が悪い。

この「さすがの」が入ると「あの名監督の最新作なのだから、映画を普段あまり観に行かない私であっても、これはさすがに観に行く」という含意になり、その名監督の最新作がどれほど世の中で待望された話題作なのかが強調されることになります。

ここで、「も」を先ほどの「は」と比較してみましょう。

国語と算数**も**苦手なので

（国語と算数の２教科が苦手な上、他の教科を含めた勉強全般が苦手であることが推測される）

国語と算数**は**苦手なので

（他の教科はできるが、国語と算数の２教科だけはできない）

一字置き換わるだけで、ずいぶんニュアンスが変わってくることが分かります。

続いて「さえ」。いろいろな意味のある助詞ですが、打ち消しを伴う場合、ある例を強調し、他の場合も当然そうなることを読み手に類推させる働きがあります。「母

語の日本語さえ怪しいのだから、当然英語なんて話せるわけがない」という使い方ですね。ですから、

彼で**さえ**目標を達成できなかったのだ。

と書かれている場合は、自動的に、

ひときわ能力の高い彼でさえ目標を達成できなかったのだ。ましてや、彼よりも能力の劣ったメンバーは達成できるはずがなかった。

という意味も加わってくるわけです。

他に、「そこまで僕を大切に思ってくれるのか」と使うように、動作などが及ぶ程度・範囲を表す「まで」という助詞にも、読み手に背景を想像させる働きがあります。

読み方Check!

払拭

× よくある間違い　ふっしき
○ 正解　ふっしょく

意味　払ったり拭（ぬぐ）ったりして、すっかり取り除き消し去ること。（例）不信感を払拭したい。

いま話題の芸人Aのことは、六〇歳を過ぎたうちの父親**まで**知っていた。

と書けば、この「まで」の強調により、

芸人Aは、六〇歳を過ぎたうちの父（芸人には全く詳しくない）まで知っているほどに、いま世間で話題なのである。

という事情がうかがわれるのです。

このように、副助詞に注目すると、深いメッセージを感じとることができます。たった数文字の語を通じて、背景にある感情や事情を読みとることができるのは面白いですね。

その他の副助詞のニュアンス

何を尋ねても、泣く**ばかり**です。

「ばかり」の限定の意により、質問に答えてくれず、泣くことしかしないという非難、質問する側の諦めの気持ちが伝わってきます。

彼**こそ**リーダーにふさわしいです。

取り立てて強調する「こそ」により、他の誰でもなく彼がふさわしいと強く訴えます。

ビールとサワー**しか**ありません。

必ず否定形とともに用いる、ネガティブな印象の限定「しか」により、日本酒やワインなどの多様なお酒はなく、ビールとサワーだけである、と種類の少なさを強調しています。

読み方Check!

帰依

× よくある間違い　きい
○ 正解　きえ

意味　仏や神など、優れたものをあてにし、絶対的に信じてその力にすがること。(例) 仏道に帰依する。

鉛筆でも大丈夫です。

「でも」は最低限であることを示し、他にもっといいものがあるが、一応それでも構わない、というニュアンスです。この場合、本当はボールペンなどで書いて欲しいのだが、今持っていないのなら仕方がないので、鉛筆でもいい、ということでしょう。

敬語の誤りなどの失礼があってはいけない。

「など」は、ここに書いたのは一例で、他にもあることを示しますので、敬語の誤りだけでなく、失礼になるようなこと全般が良くない、というメッセージがあります。

助動詞にも複雑なニュアンスがある

最後に一つ、助動詞でも同じような読みとりができる例をご紹介しましょう。

私は彼を愛していた。

この過去の助動詞、気になりませんか。

私は「意味深な過去形」と呼んでいるのですが、こう書かれることで、「今は愛していないのかな？　この二人に何があったのかな？」と想像してしまいますね。

助詞と助動詞は、付属語と呼ばれる、オマケのような言葉ですが、文のニュアンスに与える印象は絶大なのです。

まとめ

- 助詞、特に副助詞には複雑なニュアンスがある
- 「は」＝他との区別の強調、「も」＝他も同様であることを示す、など、助詞の働きを通じて背景にあるメッセージを理解する
- 「～た」という過去形は意味深で、今はそうではないことを暗示する

読み方Check!

凌駕

× よくある間違い　しゅんが

○ 正解　りょうが

意味　他のものを越え、その上に立つこと。（例）売上高で他社を凌駕する。

第3章

文章を図解できれば一人前

様々な図解法を覚えて
アウトプットにつなげよう

一語一語、一文一文が分かっているだけでは、
文章を理解したとは言えません。
文章全体がどのような流れになっているかを
追えてこそ、分かっていると言えるのです。
理解の一つの目安が、
内容を表や図に整理できること。
図解できるのは、
流れや構造をつかんでいる証なのです。

因果関係や対比を図解しよう

文単位など、狭い範囲で理解ができたら、次は広い範囲、文章全体を理解する段階です。話の流れがどうなっているか、全体の構造を把握します。

全体が分かっているかの目安は、文章を図解できることです。

流れや仕組みが分かっていれば、表や図にまとめることができるのです。読解の図では、一つの項目を四角の枠組みで囲い、矢印（↓、⇔など）で関係性を示します。

基本となるのが、次のページの「因果関係」と「対比」の図解です。

因果関係

雨が降った。（原因）だから、傘を買った。（結果）

図解　雨が降った　→　傘を買った

◎ビフォーとアフターを紹介したり、出来事の起きた順番に物事を述べたりするときにも、この形で図解します。

対比

リーダーには、全体を見渡して柔軟に対処する姿勢と、細部にこだわり抜く職人気質の両立が必要だ。

図解【リーダーに必要な態度】

全体を見渡して柔軟に対処する姿勢　⇔　細部にこだわり抜く職人気質

このように、文章の要素を拾い出し、それらがどのような関係にあるかを矢印など

読み方Check!

穏便

× よくある間違い　いんびん

○ 正解　おんびん

意味　事件を処理する方法や態度が穏やかなこと。目立たないよう、内々で処理する。（例）穏便に済ませたい。

で示すことで、流れや構造がはっきりするのです。表やツリーを使うこともあります。

文章は、複雑に絡み合う大きな塊のようなものです。

それを箇条書きの要素に分解し、図や表などに見やすく整えるのが図解です。

これについては、**「分かっているから図解できる」という側面と、「図解を試みるうちに分かってくる」という側面の両方があります。ですから、読解力を向上させるためには、どんどん図解に挑戦したいところです。**

ちなみに、「分く」＋「る」（可能の助動詞）で、「分かる」という言葉ができました。分解することができる状態こそが「分かる」なのです。

文章を分解し、図解をするという行為を通して「分かる」を実践していきましょう。

箇条書きで要素をリスト化

文章を図解する第一歩は、要素を拾い出して箇条書きにすることです。

文章というのは、頭からじっくり読むには良い形態なのですが、パッと見て一目で内容を把握することはできません。

特に、専門書などの硬質な文章の場合、あまり改行がありません。

しかも、一文が長く、複雑な構文であることもしばしば。難しい熟語も含まれています。ですから、腰を据えて何度も読まないと、何が書いてあるのかをつかむことができません。内容を消化するには、それなりに時間がかかります。

一方、軽めの文章、例えばウェブに掲載されるインタビュー形式の記事などはどうでしょうか。こちらは改行も多く、視覚的には読みやすいです。専門書に比べれば、速いスピードで読むことができます。

読み方Check!

如実

× よくある間違い　じょじつ

○ 正解　にょじつ

意味　実の如し、つまり、実際の通りであること。「如実に」という副詞的な形で、ありありと、の意味でも使う。

しかし、前置きや余談・脱線が入っている割合が高いです。その結果、内容量の割にはだらだらと長くなってしまっている文章が多く、ゆるめの文章も、すぐには全容を把握しにくいのです。

硬い文体でもやわらかい文体でも、文章のままでは全体の把握に時間がかかってしまうわけです。

そこで行いたいのが、文章を箇条書きに直すことなのです。情報をすっきりと整理し、一目で理解することのできるリスト形式にします。

見た目のイメージとしては、パワーポイントなどのスライドの形です。

- **重要だと思われる部分に印を付ける**
- **あまり重要でないと思われる部分に（　　）を付ける**
- **話の区切り目に線を入れる**
- **複数の特徴、理由や事例などが挙げられていたら番号を付ける**

文章を読みながらそうした作業を行い、主たる内容に簡潔な見出しを付けて取り出し、まとめます。

さあ、試しにやってみましょう。

【元の文章】

大人の学び直しの本が多数刊行され、ベストセラーも出ている。中高生の頃というのは、部活動や人間関係の方が気になるもので、勉強が好きな生徒はあまりいない。そういった人でも、大人になってから「学びたい」という意欲が生まれることがあるのだ。日々の業務で今すぐ必要だから学ぶ、というよりは、人格に厚みを増してくれるような教養としての学びを欲するのである。数学を復習することで論理的思考を培いたい、現代の政治・経済に連なるものとして歴史を学んでおきたい。そうした思いにより、学び直しの本を手に取るわけである。

読み方Check!

相殺

×よくある間違い　そうさつ
○正解　そうさい

意味　差し引きをして帳消しにすること。良い点が悪い点によって差し引かれること。（例）貸し借りを相殺する。

【印を付けながら読む】

大人の学び直しの本が多数刊行され、ベストセラーも出ている。中高生の頃というのは、部活動や人間関係の方が気になるもので、勉強が好きな生徒はあまりいない。そういった人でも、大人になってから「学びたい」という意欲が生まれることがあるのだ。日々の業務で今すぐ必要だから学ぶ、というよりは、①人格に厚みを増してくれるような教養としての学びを欲するのである。数学を復習することで論理的思考を培いたい、②現代の政治・経済に連なるものとして歴史を学んでおきたい。そうした思いにより、学び直しの本を手に取るわけである。

【箇条書きで要素を拾い出す】

・中高生の頃はあまり勉強に興味を持てない
・部活動や人間関係に興味
・大人になると勉強したくなり、学び直しの本を買う
・人格の厚みを増したい
・数学――論理的思考を培いたい
・歴史――現代の政治・経済につながる情勢を知りたい

【関係の分かるように並べる】

中高生の頃：あまり勉強に興味を持てない　↑部活動・人間関係に興味
↕
大人：勉強したくなり、学び直しの本を買う　↑人格の厚みを増したい
(例)・数学――論理的思考を培いたい
・歴史――現代の政治・経済につながる情勢を知りたい

読み方Check!
吹聴
×よくある間違い　すいちょう
○正解　ふいちょう
意味　あちこち言いふらすこと。言い広めること。(例) 自分の手柄を吹聴してまわる。

主張・根拠・例を構造化する

実は、日本語は厄介な言語です。

重要な内容をどこに書くかが決まっていないのです。

英語の論理的文章では、主張・結論は最初に述べるのが一般的です。段落（パラグラフ）の単位でも、重要なことは1文目に言います。ですから、各段落の冒頭文を拾い読みすれば、文章全体の流れを把握することができてしまうのです。

日本語の場合、論理的な文章でも書き方は決まっていません。

主張は最初に書いてあるケースもありますが、どちらかといえば、最後に書かれているほうが多いです。

では、最後だけを読めば良いかというと、そうとも限らないのです。

途中で結論が出て、それ以降は余談が書いてあるという文章もあるのです。

「このように」「つまり」「要するに」「結局」など、ここが一番言いたいことだとはっきり分かる目印が付いていることもありますが、もっとさりげなく結論が書いてある場合もあります。

どこが重要な主張かが分かりにくいのが日本語です。

そこで、第1章で要点発見トレーニングをやってもらったわけですが、日本語の文章の場合、それは決して簡単なことではないのです。

難しいからこそ、書き手の主張を見つけ、下図のように根拠・理由とともに図解するのが、良い読解のトレーニングになります。

実際に、文章から主張と根拠を取り出して図解したのが、次のページです。

読み方Check!

行脚

× よくある間違い　ぎょうきゃく
○ 正解　あんぎゃ

意味　僧侶が諸国を巡り歩いて修行すること。それが転じ、方々を旅行したり訪問したりするさま。(例) 謝罪行脚。

年賀状にはどちらかと言うと苦しい思い出が多い。計画性のない性分だから、ため込んでしまい、年末になって慌てて書くことになる。除夜の鐘を聞きながら、どうしてこのような苦行をしなくてはならないのだと愚痴をこぼすのが私の年の暮れである。とにかく年賀状は手間がかかる。そんな私を呆れながら見ているのが、中学生の娘である。お前は良いのかと尋ねたら、メールやＬＩＮＥで済ませてしまうのだと。友人同士の関係を温めるというなら、それで十分なのだ。私のように腱鞘炎になりもしない。時代も進んだ。そろそろ年賀状は廃止してはどうだろうか。

▼ 図解

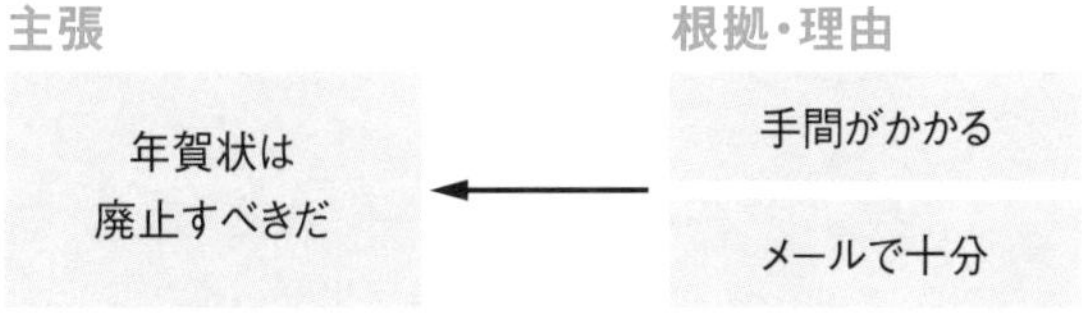
主張
根拠・理由
年賀状は
廃止すべきだ
手間がかかる
メールで十分

文章をまとめる際には、細かい具体例を省《はぶ》き、重要な部分をまとめるというのが基本です。

ただし、具体例の長い文章については、例も抽出し、下のように図解すると良いでしょう。


次のページの文章をご覧ください。

結論は最後に書かれた「形式的な儀礼はなくそう」、その理由は「お互いに疲れるだけ」です。

ただ、その結論・理由は文章全体の1割強です。

具体例の長い文章なのです。

そこで、具体例の「年賀状」「猛暑の日のスーツ」も添えて図解しました。

主張 ← 根拠・理由

例

読み方Check!

閉塞

× よくある間違い　へいせき
○ 正解　へいそく

意味 「腸閉塞」のように、閉じて塞（ふさ）がること。「閉塞感」など、先行きの見えない行き詰まり感も表す。

何のためか分からない儀礼がある。取引相手などに送る、表も裏もパソコンで印刷されただけの年賀状。もらっても何の感慨もわかないのに、送る手間と費用だけはかかる。日本人はそういうものが好きなのだろう。猛暑の日の営業マンのスーツ。外回りで暑い思いをするのは分かり切っているのだから、ジャケットもネクタイもやめればよいのに。誠意の証かもしれないが、正直なところ、見ている側も嫌な気持ちになる。形式的な儀礼は、お互いに疲れるだけだ。もうなくしてしまおう。

図解

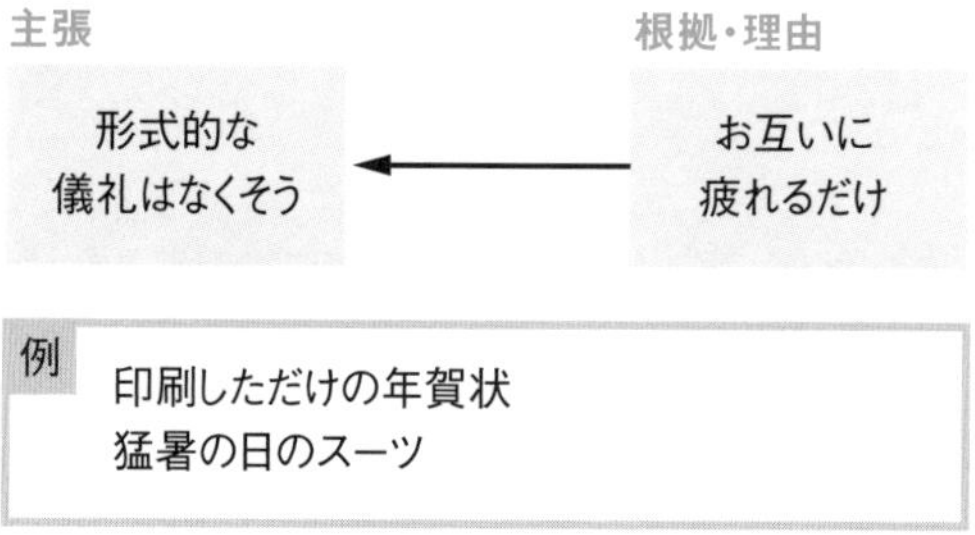
主張
形式的な
儀礼はなくそう
根拠・理由
お互いに
疲れるだけ
例
印刷しただけの年賀状
猛暑の日のスーツ

二項対立を表にまとめる

比較すると、物事の特徴が見えやすくなります。
特に二つのものを対比して論じる「二項対立」という書き方がよく用いられます。

・A社とB社
・メリットとデメリット
・外国と日本
・過去と現在　など……

単独で論じるよりも、二つのものを比較し、違いを明らかにしたほうが明快です。
二項対立で書かれている場合、読む側はその対比を意識しながら読むことで、よく理解できます。

読み方Check!

嗚咽

×よくある間違い　めいいん
○正解　おえつ

意味　声を抑えて泣くこと。むせび泣き。声を上げて泣く「号泣」とは対照的。（例）嗚咽をこらえきれない。

Aの話をしてはBの話に移り、またAの話に戻るなど、あっちに行ったりこっちに行ったりしながら話が進む文章もあります。文章に書き込んで良い状況であれば、情報を整理するための印を付けると良いでしょう。

具体的には、

- **線を引き分ける（例――、- - -、〰〰）などして、今どちらの話をしているかの目印を付ける**
- **対照的な内容に⇕を付けてつなぐ**
- **「一方」「他方」「それに対し」「しかし」など、話が切り替わる言葉に〇を付ける**

などの作業をしていると、比較の構造が見えてきます。

それより明らかにするのが、表にまとめる作業です。

文章に書かれている内容を箇条書きで取り出し、分類をして表にすると、違いが一目瞭然です。次の文章でやってみましょう。

【元の文章】

インターネットを利用し、会社に出勤せずに自宅などで働くリモートワークが広がりつつある。勤怠管理がし難いなどの問題はあるものの、リモートワークを導入すれば、従業員にとっては通勤の負担がなくなる。また、自宅にいられる分、子育てや介護との両立もしやすくなる。優秀な従業員が子育てや介護で離職するのを防げれば、会社としてもメリットである。ただ、勤務場所がバラバラになることにより、組織の一体感が薄れるのではないかと懸念する経営者も多い。対面でのコミュニケーションが減ることで、孤立感を覚えるメンバーもいるだろう。小まめにやり取りをしていれば防げたであろうトラブルが発生し、損害が生じるケースもある。金銭面で言えば、従業員の多くがリモートワークになった場合、通勤手当が削減できることに加え、オフィスを小さくできれば賃料も削減できるだろう。

読み方Check!

微塵

× よくある間違い　びじん
○ 正解　みじん

意味　非常に細かい塵。それが転じ、物が割れるなどして細かくなること。文末に打ち消しを伴うと、「全く」の意。

【印を付けながら読む】

インターネットを利用し、会社に出勤せずに自宅などで働くリモートワークが広がりつつある。勤怠管理がし難いなどの問題はあるものの、リモートワークを導入すれば、従業員にとっては通勤の負担がなくなる。また、自宅にいられる分、子育てや介護との両立もしやすくなる。優秀な従業員が子育てや介護で離職するのを防げれば、会社としてもメリットである。ただ、勤務場所がバラバラになることにより、組織の一体感が薄れるのではないかと懸念する経営者も多い。対面でのコミュニケーションが減ることで、孤立感を覚えるメンバーもいるだろう。小まめにやり取りをしていれば防げたであろうトラブルが発生し、損害が生じるケースもある。金銭面で言えば、従業員の多くがリモートワークになった場合、通勤手当が削減できることに加え、オフィスを小さくできれば賃料も削減できるだろう。

【箇条書きにする】

- 勤怠管理がし難い
- 通勤の負担がなくなる
- 子育てや介護との両立もしやすくなる
- 優秀な従業員の離職防止
- 組織の一体感が薄れる
- 孤立感を覚える
- コミュニケーション不足でのトラブル
- 通勤手当が浮く
- オフィス賃料の削減

↓

【分類する】

- 勤怠管理がし難い（会社のデメリット）
- 通勤の負担がなくなる（従業員のメリット）
- 子育てや介護との両立もしやすくなる（従業員のメリット）
- 優秀な従業員の離職防止（会社のメリット）
- 組織の一体感が薄れる（会社のデメリット）
- 孤立感を覚える（従業員のデメリット）
- コミュニケーション不足でのトラブル（会社のデメリット）
- 通勤手当が浮く（会社のメリット）
- オフィス賃料の削減（会社のメリット）

←

読み方Check!

慧眼

× よくある間違い　せいがん
○ 正解　けいがん

意味　物事の本質や裏面を見抜く、優れた眼力のこと。（例）早期撤退を決断したのは、社長の慧眼だった。

完成 リモートワークのメリット・デメリット

	メリット	デメリット
会社	優秀な従業員の離職防止 通勤手当が浮く オフィス賃料の削減	勤怠管理がし難い 組織の一体感が薄れる コミュニケーション不足でのトラブル
従業員	通勤の負担がなくなる 子育てや介護との両立もしやすくなる	孤立感を覚える

※メリット・デメリットを分けるだけでも良いが、会社視点、従業員視点を分けて記述するとさらに分かりやすい表となる。

時系列に並び替える

作業手順を確認する場合、時系列に整理するのが最も分かりやすい方法です。

特に、煩雑な事務作業、機器の操作などは、着実に一つずつ進めなくてはならないものが多いですから、順序をしっかりと理解しておかなくてはなりませんね。

文章から要素を拾い出し、箇条書きのリストを作り、それを時間順に並び替えるようにします。

メールで業務の指示を出された際にも、時系列化が有用です。

というのも、指示を出す側は、単に自分の思い出した順、思い付いた順に書いているケースが多いからです。

自分が実際に取りかかる順序としてはどうなるのかを整理すると、仕事の抜け漏れがなくなります。

読み方Check!

踏襲

× よくある間違い　ふしゅう
○ 正解　とうしゅう

意味　それまでのやり方を受け継ぎ、その通りにやること。（例）学校では、前年度の方針を踏襲するのが基本だ。

（例）出張の手続きについて

出張の経費精算は、１週間以内におこなってください。経費申請書に領収証・鉄道経路説明書を添えて経理部に提出します。各月の末日までに手続きのなされたものを翌月15日に現金で支給します（各課の課長経由）。ただし、経費合計が５万円を超える見込みである場合は、出張前日までに経理部に経費申請書を仮提出し、承認を受けておく必要があります。また、出張当日には社内ウェブシステムに不在時間帯が表示されるよう、あらかじめスケジュールを設定しておいてください。なお、宿泊や飛行機・有料特急（新幹線を含む）での移動を伴う出張が必要になった場合には、１週間前までに出張願を直属の上長に提出し、出張の許可を取る必要があります。旅費の仮払いを希望する場合は、経費申請書を仮提出する際に経理部に願い出てください。

文章だとごちゃごちゃして分かりにくい。
図解で見やすく明快に！

出張の手続きについて

※出張＝宿泊や飛行機・有料特急（新幹線を含む）での移動を伴うもの

出張1週間前まで

- 直属の上長に出張願を提出し、出張の許可を取る

▼

出張前日まで

- 社内ウェブシステムのスケジュールに不在時間帯を登録
- （経費合計が5万円を超える見込みの場合）経理部に経費申請書を仮提出し、承認を受けておく
- （旅費の仮払いを希望する場合）経費申請書の提出に合わせて経理部に願い出る

▼

出張後1週間以内

- 経費申請書に領収証・鉄道経路説明書を添えて経理部に提出

▼

手続完了日の翌月15日

- 課長経由で現金支給

読み方Check!

破綻

× よくある間違い　はじょう
○ 正解　はたん

意味　物事がもはや修復しようがないほど行き詰まること。立ち行かなくなること。（例）財政破綻が懸念される。

ツリー図を書けるようになる

文章の論理構造を明らかにするのに最適なのが、ツリー図です。名前の通り、木のような形の図。一本の幹から枝分かれしていきます。算数・数学で描いた樹形図もこの仲間ですね。

このように大きな話題から小さな話題に展開するような形で整理するので、文章の構造が明らかになります。

発端の出来事を書き、それがどのような影響をもたらしたかを書いていくこともできますし、ある問題について、その原因を整理することもできます。筆者の主張とそれを支える根拠をまとめることも可能です。

なお、一本の幹から分岐するというのが樹形図の鉄則。

色々な内容が詰まっている文章の場合は、テーマごとにツリーを書きましょう。

CDが売れなくなっている。近年では数万枚売れれば十分なヒットである。

要因は色々あるだろうが、ここ十数年で国民的歌手がいなくなったことも原因であろう。かつてのように、家族全員でテレビの前に集まって音楽番組を見るわけではない。ゴールデンタイムの地上波の音楽番組自体も減っている。

テレビよりもインターネットを経由して音楽情報を仕入れるようになった現代では、ヒットチャートを追うよりも、自分の好きなジャンルを深掘りして楽しむ人が増えた。好みは多様化し、音楽のジャンルはどんどん細分化しており、

読み方Check!

権化

× よくある間違い　けんか
○ 正解　ごんげ

意味　ある抽象的な特性が具体的な姿を取ったのがこれだ、と思うほど、その特性が著しいもの。（例）悪の権化。

昔のように国民全体に知られたアーティストが少なくなったのである。

ＣＤは売れていないが、人々の生活から音楽がなくなったわけではない。音楽の聴き方が変わったのである。ＣＤを聴くかわりに、配信される音楽をダウンロードしたり、ストリーミングで聴いたりするようになったのである。動画サイトに公式・非公式にアップロードされている映像・音源を無料で楽しんでいる人も多い。

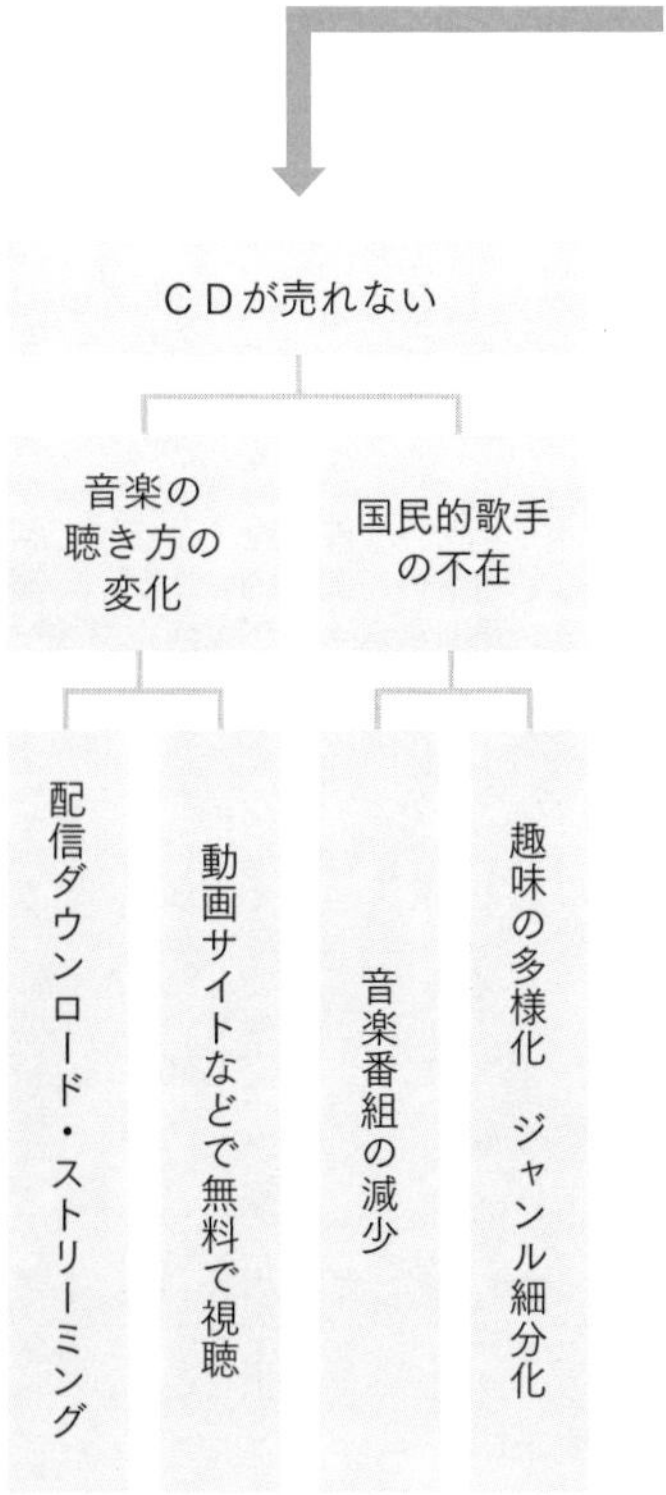

なお、107ページで取り上げた文章をツリー図にすると、このようになります。

表でもツリー図でも、やりやすい方法、各文章に合う方法で整理すれば良いのです。

図解を通して文章の構造を把握し、内容を深く理解すると、それに刺激されて、自分自身の思考も動き始めるはずです。ツリー図は本来、思考のツール。文章を図解し

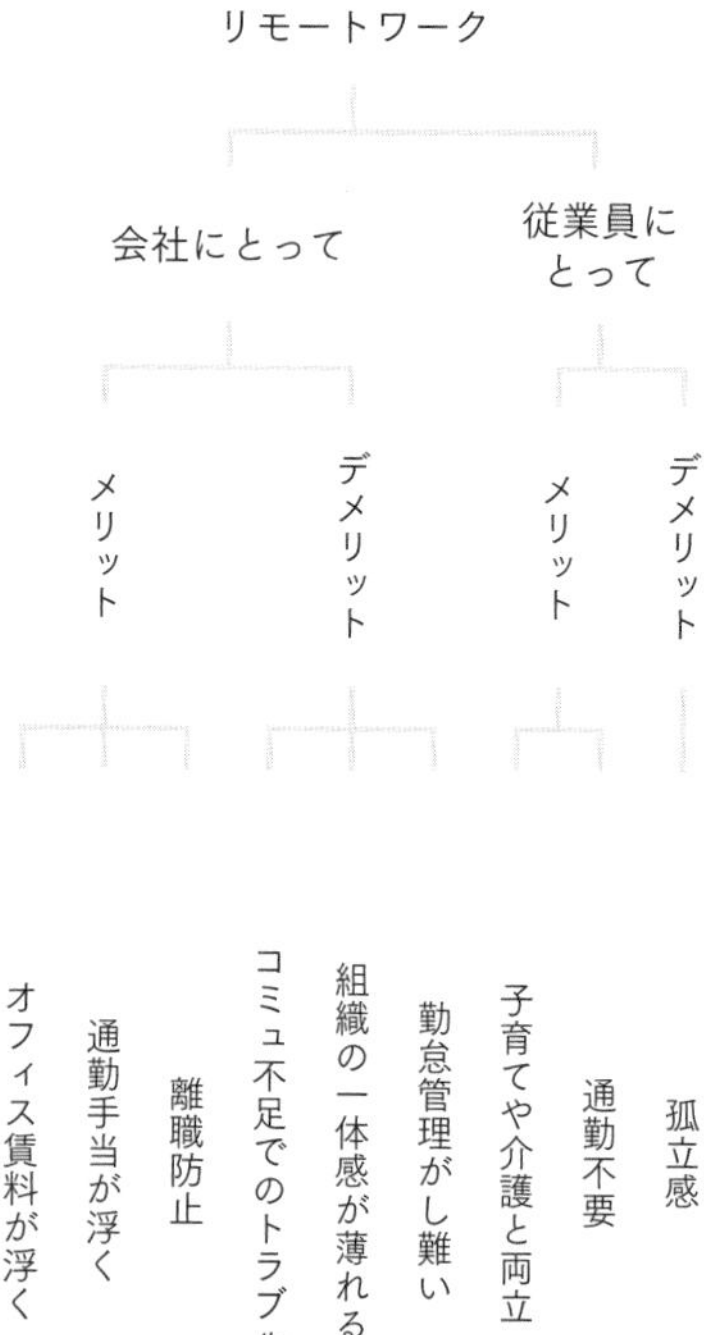

読み方Check!

渾身

× よくある間違い　きしん

○ 正解　こんしん

意味　からだ全体。全身。(例)両チームとも、渾身の力を振り絞って戦った。

たら、そこに自分の気づきを書き込んでいくのがおすすめです。

ただ受動的に情報を得るだけでなく、能動的に思考することで、文章が自分の中に落とし込まれ、今後のアイデアや行動につながるようになるのです。

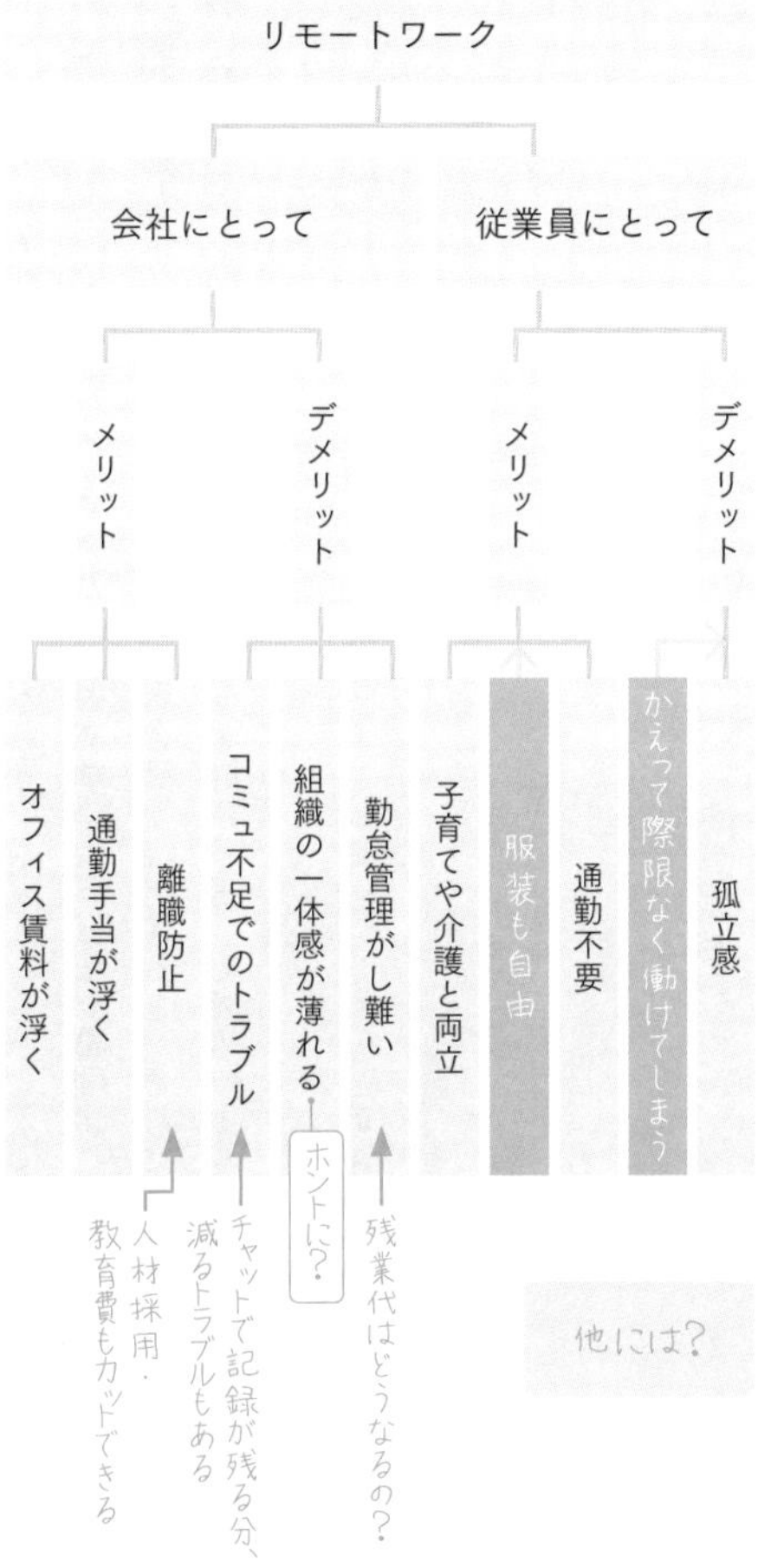

5W1Hで整理する

本章の最後に紹介するのが、有名な5W1Hです。

・いつ（When）
・どこで（Where）
・だれが（Who）
・なにを（What）
・なぜ（Why）
・どのように（How）

この情報を抽出してまとめると、書かれている情報を客観的に分かりやすく説明することができます。

読み方Check!

災厄

× よくある間違い　さいあく
○ 正解　さいやく

意味　災い、災難。（例）気の毒なことに、彼らは次々と災厄に見舞われた。

報告などを簡潔に要約する際に使える枠組みです。
また、メールでの業務指示をこの形で整理すると、抜け漏れなく作業をすることができるでしょう。

なお、この5W1Hという項目は一つの目安です。

文章の内容に合わせて項目を増減し、使いやすい項目立てで整理しましょう。よく追加されるのが、量や値段を表す「どのくらい（How much）」。
また、トラブルの報告書を5W1H方式で整理するのであれば、左の例のように「今後の対策」の欄を付け加えるのが実用的でしょう。

3月22日(水)に、新規賃貸契約をご希望の田中さんからお問い合わせがありました。早速、翌23日(木)の19時に内見のお約束を組みました。10分弱前には着くであろう時間に事務所を出たのですが、その日は渋滞がひどく、私が目的地付近に到着できたのは19時10分。車を停められるところに停め、田中さんと合流できたのは19時15分でした。田中さんはお仕事を無理に切り上げてくださったそうで、大変お怒りでした。謝罪後、内見に入ろうとしましたが、当社を通じて契約はしたくないとおっしゃり、内見は中止になりました。当然ながら、申込のお話もなくなりました。せっかくお問い合わせをいただき、内見に足を運んでくださったお客様の期待を裏切ってしまったこと、契約見込みのあった案件を台無しにしてしまったことを深く反省しております。今後は、約束の時刻の20分前には到着する見込みで店舗を出ます。また、車でなくてもいい内見は、時間の読める電車や自転車で行きます。(桜上水店、佐藤)

図解

いつ	3月23日(木)の夜
どこで	桜上水店で
誰が	佐藤さんが
何を	新規賃貸契約を希望する田中さんを
なぜ	渋滞で、内見の約束の時間に遅れたので
どうした	激怒させ、申込は立ち消えになった
今後の対策	約束の時刻の20分前に到着する見込みで店舗を出る。車でなくてもいい内見は、電車や自転車で行くようにする

読み方Check!

詰問

✕ よくある間違い　つめもん
○ 正解　きつもん

意味　相手を責めて、厳しく問いただすこと。(例)詰問口調では、相手の本心は聞き出せないだろう。

第4章

これからの時代に欠かせないリテラシー

的外れな意見を言わないために

専門家の学術的見解も、ずぶの素人の思い込みも、
同じように流布しているのがインターネット。
現代は、情報が確かかどうかを
見極めるチカラが問われる時代です。
脊髄反射的に怒ったり広めたりするのはＮＧです。
炎上やデマ拡散に荷担しないようにしましょう。

あおり部分を排除して、冷静に読む

攻撃的・挑発的な文体の書き手がいます。ツイッターなどを見ていると、

> 男って、どうしてここまで気がきかないん？　こっちがどんだけ尽くしてやってるか、全然気づいてないっていうね。「夕食要らない」って電話しただけで「オレえらい」って思ってんの、マジ3歳児。この残った夕食はどうしたら良いか教えて欲しいなぁ？　節約しろって言うのどの口～？

というような投稿があります。

怒りゆえでしょう、文章中に感情的な表現が多いですね。

「ここまで気がきかない」「～てやってる」「全然気づいてない」「マジ3歳児」と、攻撃的な表現のオンパレードです。「どうするか教えて欲しいなぁ？」「節約しろって

言うのどの口～?」というのも、実に嫌味な言い方です。

さらに、「男って」と、「世の中の男性全員が」と言わんばかりの過度の一般化をしている点も、これを見ている男性を苛立たせるでしょう。

「本当にそう!」「その通り!」といった同意も寄せられるでしょうが、

それ、男の問題じゃなくて、オマエの夫の問題。

残業や会食って急に決まるもの。知らせるだけ誠意だよ。それこそ、どうしたら良いか教えて欲しいなぁ?

自分の選んだ相手の悪口をこうやって書き込むのも、3歳児並みでは……?

取っといて朝食えばイイじゃん。いちいち騒ぎ過ぎ。

などと敵対的なリプライ(返信)も飛んできそうです。

炎上になりかねない投稿だと思います。

実は先ほどの投稿、本題だけを抽出すると、

読み方Check!

招聘

× よくある間違い　しょうじ
○ 正解　しょうへい

意味　礼を尽くし、人を招くこと。(例) 実績を評価し、教授として招聘する。

急に夕食要らないと言われるのは迷惑。だから、やめて欲しい。

となります。元ツイートは１２９字あるのですが、本来は30字足らずで済む内容なのです。こちらの言い方であれば、共感や同情を集めこそすれ、炎上は生じないでしょう。同じ反論であっても、

残業や会食って急に決まるものなので、夫さんだけを責めるのは違う。会社や取引先も恨みましょう。

のように穏やかなトーンのリプライになりそうです。

「贅言消去」を心がける

相手を侮辱したり挑発したりするための部分を取り除き、本題の部分だけに注目す

ることを、国語辞典編纂者の飯間浩明さんは「贅言《ぜいげん》消去」と命名しています。

「贅言」というのは、本来言わなくてもいいこと。

議論の本題の部分だけを取り出してこそ、有益な議論ができる、とのご提案です。

情報獲得や議論の効率という観点でも、無用なストレスを避けるという観点でも、攻撃的な部分を省き、内容面だけを受け取る贅言消去を心がけた方が良いでしょう。

それにしても、世間には、読み手の感情を必要以上にあおり立てる表現があふれています。ウェブ上のニュース・コラム記事の多くは、クリックされるために過激なタイトルを付けています。

「炎上マーケティング」という言葉もあります。あえて攻撃的・挑発的な表現を採り、意図的に炎上を発生させるマーケティング手法をこう呼びます。賛否両論を巻き起こし、世間の注目を集めることにより、知名度や売上を伸ばそうとするわけです。

炎上マーケティングの広告を見て、カッとなってSNSに投稿でもしようものなら、「人々の怒りに火をつけて、アクセス数を稼ぐぞ〜」と目論んでいる企業の思うツボです。

読み方Check!

従容

✕ よくある間違い　じゅうよう
○ 正解　しょうよう

意味　ゆったりと落ち着いた態度。大変な状況でも、慌てて騒ぐことのない様子。（例）従容として受け入れる。

他人から、あなたの力不足や欠点を指摘するメールやコメントなどが届いたときも、賛言消去を心がけて。

人格攻撃のように感じられる部分、自己肯定感を削られそうな部分を取り除いて、行為に対する指摘だけを淡々と受け取るようにするのです。

ずーんと沈んでしまわず、「貴重なご意見をありがとうございました」の精神で、反省点・改善点だけを情報として受け止めるのです。

まとめ

■ 侮辱・挑発などの攻撃的な部分を取り除き、本題に集中する

事実と意見を区別する

多くの文章は、事実と意見の組み合わせです。

どこまでが誰もが認める客観的事実なのか。どこからが書き手の主観の入った個人的意見なのか。それを区別しなくてはなりません。

事実と意見をごっちゃにするのは混乱のもとですし、そのような態度では建設的な議論などできやしません。

文章構成として、書く順序は二種類あります。先に事実を紹介し、後で感想や見解を述べるパターン、そして、まず自分の意見を主張し、後で裏付けとなる事実を述べるパターンです。

例えば、次に紹介する文章の場合、途中から書き手の意見が入っています。

読み方Check!

忖度

× よくある間違い　すんど
○ 正解　そんたく

意味　他人の気持ちを推し量ること。言われずとも気を回し、配慮すること。（例）作家の意図を忖度する。

厚生労働省の「雇用保険事業年報」によると、廃業率は毎年およそ４％である。事業を始めたからと言って、存続できるとは限らないのである。一度、事業を始めたからには、顧客や従業員のため、企業が存続できるよう最大限の工夫と努力をおこなうのが経営者の務めであろう。

※最終文は書き手の主観。「潔く撤退し、会社を畳むのが良い」という考え方もある。

時には、全てが書き手の個人的意見、という主観だらけの文章もあります。

今の若い人たちは**おかしい**。若さのエネルギーが**感じられない**。若いうちはもっと貪欲に何でも挑戦するのが**普通だろうに**。リスクの計算だけ一人前で、小賢しいというか何というか。失敗もしないが、成功もしない、そんな風に小さくまとまっていては**つまらない**。

年輩者のお説教という感じですね。井戸端会議や居酒屋談義のような水準です。こうした文章は「あくまでこれは著者の個人的意見」と思って、軽く読み流しておけば良いでしょう。

「今の若い……」の文章を見ても分かる通り、主観で評価を下す単語は、主観の意見の目印です。

・すごい
・好きだ（嫌いだ）
・好感が持てる
・あり得ない
・当たり前（普通）だ　など……

こうした単語が出てきた場合、「ん、ちょっと待てよ？　本当にそうなのか？」と疑うクセを持ってください。

「すごい」と評されているものでも、他と比較してみれば、大したことがないかもしれません。「あり得ない」と書き手は感じたとしても、実は世間ではよくあることか

読み方Check!
信奉
× よくある間違い　しんぼう
○ 正解　しんぽう
意味　ある宗教・思想・教えなどを信じ、熱心に尊ぶこと。崇め、従うこと。（例）彼の周りには信奉者ばかりだ。

も。意見の根拠、裏付けのデータがあるか、前後の文脈をチェックしましょう。

文末にも意見の目印があります。

・～だろう（に違いない、かもしれない、ようだ、らしい）
・～と思う（と感じる、と考える、と思われる、と推察する）
・～と言わざるを得ない（と言うよりほかはない）
・～べきだ　　など……

文末がこのような表現なら、事実ではなく意見のパートですので、全てを鵜呑みにせず、自分としては納得できるかどうかを検討してみると良いですね。

時には、納得できない意見もあるでしょう。おかしいと感じる意見もあるでしょう。もしそれがプロジェクトメンバーの文章で、ともに仕事を進めていく上で、どうしても考えを揃えなくてはならない、と言うケースであれば、論理の矛盾や根拠の弱さを突いて、意見を改めてもらわなくてはなりません。

ただ、そういう特別なケースを除けば、個人的な意見の違いを許容するのがオトナの態度です。多様性尊重の精神です。

遠い他人が自分とは違う意見を持っていても、別に良いではありませんか。ツイッターやら何やらで、むきになってケンカをする必要はありません。

気の合わない意見は、「まあ、確かにそういう意見もあり得るけど……。私自身はそんな風に思わないな」と読み流したら良いのです。そういった文章の場合には、事実の部分だけをしっかり読み、そこに知らなかった情報があれば吸収すれば良いのです。

文章中の事実と意見を区別すると同時に、著者の意見と自分の意見との間にも線を引きましょう。

まとめ

- 事実と意見とを区別しよう
- 意見には、感情的な評価語、推測や主張を示す文末が用いられる
- 意見が違うからと言って、すぐ噛みつくのはやめよう

読み方Check!

性分

× よくある間違い　せいぶん
○ 正解　しょうぶん

意味 生まれつきの性質。天性。（例）散らかった部屋は許せない性分であった。

事実として書かれていること自体も疑ってみる

前節では主観的単語や文末の推量などに注目し、事実と意見を区別することの重要性をお伝えしました。

ただし、事実とは言い切れないこと、事実ではないことが、さも事実であるかのように書いてある場合もあります。例えば、

①A氏の話術は世界一だと思う。
②A氏の話術は世界一である。

この二つの文、「～と思う」という文末の①に対し、②は「～である」と断言しています。

では、断言しているから事実なのかというと、必ずしもそうとは限りません。

そもそも、話術世界一というのは、どうやったら分かるのでしょうか？スピーチコンテストで世界チャンピオンにでもなれば良いのでしょうか？（その場合も、コンテストに出場してはいないが、世界一話がうまい人、というのが別にいるかもしれませんよね？）

文末が断定口調でも、実は自分の意見を述べているだけ、という例は枚挙にいとまがありません。

若い者は先輩よりも早く出社するものだ。

※「〜ものだ」と当然の習慣のように述べているが、明確に規定されたルールではなく、この人の価値観が大いに反映されている主観的意見である。

お値引き中の今、買わなければ大損です。

※その商品を買うことが前提にされている。買う場合には高い時期に買うと損になる、というわけだが、そもそも、その商品を必要としていない人には得も損もない。売り手側の都合での比較。

読み方Check!

漲る

✕ よくある間違い　はる
〇 正解　みなぎる

意味　水の勢いが盛んで、満ち溢れているさま。力や気が溢れ出るばかりに満ちる様子。（例）闘志漲る表情。

うさん臭い感じ、決め付けている感じ、押し付けがましい感じ。

こうした印象を受けたときには一度立ち止まって、調べたり考えたりしてみましょう。


あやしげな記述に気づき、事実かどうかを確かめるためのコツをご紹介します。

①情報源を確かめる

意見の根拠になるようなデータがあるか。

データが挙げられている場合、その引用元である出典が示されているか。

そして、出典は信頼できそうなものか。

ガセネタも多いスポーツ新聞や週刊誌、噂や偏った情報も載せるまとめサイトだけが出典なのだとしたら、その情報はちょっと信じられませんね。

文章自体に出典が明記されていなかった場合には、そのデータに関する単語を組み合わせて検索し、裏付けが取れそうかチェックします。

もちろんインターネット上に公開されていないデータもあるのですが、明らかに怪しい情報というのは、少し検索してみるだけでも、おかしいと判明するものです。「〇〇〇　デマ」「〇〇〇　詐欺」などと検索してみると、騙された人の体験談などが出てくることもあります。

②昔からの一般常識は「もう通用しないかもしれない」と考える

私たちは「〇〇なら普通こうする」という一般常識をたくさん身につけています。人に会えば挨拶をする、とか、女の子のいる家では三月三日に雛人形を飾る、とか。

文章では、一般常識を根拠や事例として使う例が見られます。

> 私たちは人と顔を合わせたら**普通**、「こんにちは」などと挨拶をする。それはインターネット上でも同じであるはずだ。いきなり罵詈雑言をぶつけるなどというのはもってのほかで、挨拶から始めて、一歩一歩人間関係を構築するつもりでコミュニケーションをとる必要がある。

読み方Check!

謀反

×よくある間違い　ぼうはん

○正解　むほん

意味　臣下が君主に背いて兵をおこすこと。目上の者を裏切り、逆らうこと。（例）謀反を企てる。

「顔を合わせたら挨拶をする」という一般常識をもとにして、インターネット上の人間関係を語っている例文です。

こうした文章で気をつけたいのが、引用されている一般常識がもはや変わってしまっていることもあるということです。

たとえば、私（1985年生まれです）が中学生の頃、バレンタインデーは女子が好きな男の子にチョコレートを渡す日だとされていました。しかし、私が塾で教えている中高生に尋ねると、バレンタインデーというものを「女友達同士チョコを贈り合う行事」として認識しているというのです。

世代や地域の差によって、一般常識とされるものは少しずつ違うのです。

文章の書き手が当たり前のように述べていても、それが自分にピンと来ない場合、本当に広く普遍的に言えることなのか、検証してみる態度で臨みましょう。

日常的な感覚に限らず、歴史的事象についても昔からの一般常識が通用しないケースもあります。

実は広く知られている歴史のエピソードでも、後世になって生まれた俗説・伝説に過ぎず、史料を当たっても証拠がない、ということもしばしば。

例えば、源義経は中性的な美少年として描かれることが多いのですが、実は、同時代の史料には容姿に言及したものはないのです。

美しいという記述は『源平盛衰記』や『義経記』という物語に出てきます。

ただ、同じ物語でも『平家物語』には、「義経は色白で背が低いのだが、前歯が特に出ているので、すぐ義経その人だと分かるらしいぞ」という記述もあり、義経の容姿が本当はどうであったかは定かではありません。

このように、私たちが常識だと思っていることも、実は根拠のない話かもしれないのです。さらに、歴史ネタが厄介なのは、研究が日夜進められているということ。かつて学校で習った知識と最新の研究成果との間にはズレがある場合もあるのです。

最新の日本史の論文を読め、とまでは言いませんが、少しでも違和感を覚えたら、辞書や事典の類で事実確認をしましょう。

『日本大百科全書（ニッポニカ）』『朝日日本歴史人物事典』なども調べられる「コトバンク」という辞書・事典サイトが便利です。

読み方Check!

画策

✕ よくある間違い　がさく

○ 正解　かくさく

意味　計画を立て、あれこれと実現のために準備すること。（例）陰でいろいろと画策する。

③根拠が「誰々が言っているから」だけでは弱い

私たちは日常会話でも「〇〇さんが言うなら間違いない」と言いがちです。

しかし、情報リテラシーの観点からは、「誰」よりも「何」に注目する習慣を持ちたいものです。誰が言ったか、で決めるのでなく、実際に何が言われているのか、内容を先入観無しに検証する態度です。

だいたい、「〇〇さんが言うなら間違いない」と言っても、その人が本当にそう言ったかどうかさえ怪しいケースは多々あります。

多くの商品・サービスの広告に躍る「〇〇さん推薦!」というのも、多くは、お金と引き換えに名前を貸しているだけで、有名人本人が心から推薦しているというパターンはごく一部です。又聞きで噂が広まるうちに話が誇張されたり捏造されたりするのも、よくある話です。

また、その人が言ったのは確かだとしても、その発言内容が直ちに信頼できるわけではありません。発言者がその分野の専門家で、具体的な研究成果に基づいて発言しているのであれば、十分に信頼もできるでしょう。

一方、そうでない場合は、すぐに信じず、いったん判断を保留する必要があります。

例えば、あなたが応援するアスリートがいたとします。

競技中だけでなく、インタビューでの受け答えやＳＮＳでの発信も誠実で魅力的な選手だとしましょう。あなたはその選手のまっすぐな言葉を信頼しています。

その選手が引退後に、スポーツキャスターや情報番組のコメンテーターになったとします。そうすると、自身の競技以外の話もすることになります。このとき、○○選手の言うことなら間違いない、と無条件に信頼するのは止めたほうが良いわけです。

同じスポーツでも、野球、サッカー、陸上、フィギュアスケートなど、競技が違えば、練習方法や置かれた環境などもまるで違います。

もちろん、ある程度はリサーチした上で話すのでしょうが、何となくの直感や自分の経験からの類推だけでしゃべっていることがないとは言えません。

学者も医者も自分の専門外のことについては、主観で語っていることがあります。

誰が言うかでなく、何が言われているか、何が根拠か、を常に意識しましょう。

この話で私が思い出すのは、分かりやすいニュース解説でおなじみの池上彰さんで

読み方Check!

礼賛

× よくある間違い　**れいさん**
○ 正解　**らいさん**

意味　素晴らしいものとして、褒めたたえること。ありがたいものだと思うこと。（例）先人の業績を礼賛する。

す。温厚な池上さんですが、ある芸人さんを本気で叱っていらっしゃる場面を目にしたことがあります。

日本の政治や選挙を取り上げた番組でしたが、その芸人さんが、
「結局、池上さん、どこに投票したら良いんですか？　僕、池上さんがおすすめする政党に入れますよ」
と言った瞬間、池上さんの表情が険しくなったのです。

そして、**民主主義において「誰々が言うなら正しい」という盲信は一番あるまじき態度だ**、と厳しく指摘なさいました。

自分で情報を収集・吟味し、自分の頭で考える。そうした人を育てるためにこそ、ニュース解説番組に取り組んでいるのに、と悔しそうに語っていらっしゃった姿が強く印象に残っています。

誰が言っているから正しい、と決め付けず、本当にその人はそう言っているのか、また、何を根拠に言っているのか、という点を冷静に分析しましょう。

④数値の誤用、悪用に注意せよ

校閲と呼ばれる仕事をご存じですか？

書籍や新聞などで、文章に誤字脱字がないか、日本語として読みにくくないか、事実に誤りがないかを確認する作業です。

校閲では、変換ミスや勘違いの多い固有名詞と並び、注意深く見るのが数字なのだそうです。単位がズレていないかなどを厳しくチェックすると言います。

その視点は私達にも必要です。

統計データを読み解く際に、単位が「千人」のところを「万人」に見間違えているなど、書き手が数値を勘違いしている例が存在します。常識的な数値感覚をもとに、書き手の間違いを見抜きたいものです。

また、数字は信頼できる客観的データですが、見せ方にずるい操作を加えることもできます。

始めたばかりの事業で、そもそもの売上金額は大したことがない場合、「前年比300%の成長です」と割合を示すことで、すごそうに見せようとします。

読み方Check!

流布

× よくある間違い　りゅうふ
○ 正解　るふ

意味　世に広まること。（例）あの作品は元は小説だが、流布したのはマンガ版であった。

不自然なほどに著しい成長率が書かれていた場合には、「それ以前が低過ぎただけでは？」と疑ってみましょう。

また、利益率が低く、ほとんど儲けは出ていないものの、売上金額や流通数自体は大きいような場合、「年商〇億円」「累計売上個数〇億個突破」という側面を切り取り、強調します。

すぐに「へ～、すごい」と流されず、利益率を調べたり同業他社と比べたりする冷静な観察眼を持ちたいものです。

基本的には**「数値が書かれているときは割合を出してみる。割合で書かれているときは数値を調べてみる」**という姿勢で臨むと良いでしょう。

また、順位が書かれている場合には、それが本当に意味ある順位なのかチェックしましょう。

「〇〇地域で1位」と書いてあるが、実は〇〇地域に競合は1社もなかった、とか。

「Amazon の〇〇ジャンルで1位」と書いてあるが、関係者である時間帯にいっせいに本を発注することで、ほんの1時間だけ1位を達成しただけだった、とか。

そういう強引に導き出した1位もあるのです。
圧倒的な説得力を持つ数値。それだけに、その悪用に騙されないようご注意を。

まとめ

- 事実のように書かれている箇所にも、主観的な意見が含まれている
- 情報源を確認するなど、事実かどうかチェックすることを習慣化する
- 信頼できる人が言っていたり、数値が使われていたりしても安易に飛び付かない

読み方Check!

遊説

× よくある間違い　ゆうせつ
○ 正解　ゆうぜい

意味　意見や主張を説いてまわること。特に、政治家が各地を演説してまわることをいう。（例）地方遊説の日程表。

つかえたところと格闘する

本書冒頭でも「日本人の読解力がピンチ」と述べました。具体的にどうまずいのか、その示唆が「リーディングスキルテスト」（RST）の調査結果にあります。RSTは、国立情報学研究所教授の新井紀子さんらによる、基礎的な読解力調査のテストです。

試しに一題解いてみましょう。

Q

Alex は男性にも女性にも使われる名前で、女性の名 Alexandra の愛称であるが、男性の名 Alexander の愛称でもある。

この文脈において、以下の文中の空欄にあてはまる最も適当なものを選択肢のうちから1つ選びなさい。

「Alexandra の愛称は（　　）である」
（1）Alex　（2）Alexander　（3）男性　（4）女性

さあ、選びましたか？
この問題の正解は（1）。「Alexandra の愛称は Alex である」という文が完成すればOKです。合っていたでしょうか。
これは中学英語の教科書に出てくる文から作問されているのですが、肝心の中学生の正答率は僅か38%。実は正解を選んだ生徒よりも多い39%もの生徒が「(4) 女性」を選んだのです。

Alexandra の愛称は女性である。

完成した文がこれでは意味不明だと思うのですが、それを特におかしいと思わない

読み方Check!
深奥
× よくある間違い　しんおく
○ 正解　しんおう
意味　非常に奥が深く、容易にはその核心まで知り得ないこと。また、奥底。（例）彼は芸の深奥に達している。

で選んだ中学生がたくさんいたのです。中学1年生に至っては49%の生徒が、誤答の（4）を選んでいます。

「Alexandra の愛称は女性である」をなぜ奇妙に感じないかというと、彼らが「愛称」という言葉を知らないからです。愛称がニックネームを意味することを知らないので、「愛称は女性」という組み合わせに違和感を持たないのです。知らない単語を読み飛ばし、

Alexandra ~~の愛称~~は女性である。

と読んでいるので、変だと感じないのですね。

人の語彙というのは、年を取るにつれて増えていくものです。ですので、中1で23%だった正答率も、中3では51%という結果が出ています。この28%の違いは、中学生の期間に「愛称」という単語を習得するという生徒が一定数いるということでしょう。

「中学生でも、愛称という単語も知らないのか」と彼らのことを笑うのは簡単です

が、翻って自分のことも考えてみてください。

文章中に分からない単語があったとき、読み飛ばしていないでしょうか？　難しい記述が出てくると、理解するのを諦め、「多分こういうことだろ」と予想していないでしょうか？

彼らを笑えるのは、そういった経験が一度もない人だけです。

読解力が伸びていくのは、文章と格闘している時間です。自分の現段階の知識や理解力を超えた文章に出くわし、単語の意味を調べたり、どういうことを言おうとしているのか立ち止まって考えたりするときにこそ、読解力が伸びていきます。

自分が100％理解できるレベルの文章にだけ触れる。そうした生活では読解力が伸びるチャンスがありません。ゲームで言えば、ひたすら最弱の雑魚キャラを倒しているだけですからね……。

実際、現代の中高生はニュースサイトやSNSなどの利用を通じ、活字自体にはよく触れているのです。それが読解力向上につながっていないのは、仲間内で通じるレベルの言葉やネットスラングの使用に終始してしまうからです。

また、難しい文章に触れていたとしても、読んでいてつかえた部分を無視すると

読み方Check!

充填

× よくある間違い　じゅうちん
○ 正解　じゅうてん

意味　物を詰めて、欠けたところや空所、空き容器を満たすこと。
（例）液体を充填する機械。

か、分かる単語だけ拾って何となく分かった気になるとかいう態度では、決して読解力は伸びないのです。

つかえたときにいったん戻る。繰り返し読む。難しい単語を辞書で引く。具体例や強調語などを省いて、主たる要素を拾い出してみる。主語と述語、修飾語と被修飾語の対応を確認する。こうした諦めない姿勢が必要です。

少し背伸びの必要な文章に触れる機会を確保し、骨のある文章との格闘経験を積むことでレベルアップしていきましょう。

まとめ

- 分からない単語を飛ばして読むクセをやめる
- つかえた際にいったん戻り、調べたり考えたりすることでこそ読解力が伸びる

論理の飛躍を見逃さない

私たちは、前提をもとに一段階ずつ思考を進めていくこともありますが、直感で最初から結論を出してしまっているケースも多いです。

絶対にこうだ。自分にしてみれば、それはわざわざ説明するまでもない当然のことだ。しかし、他者にも共感・納得してもらわなくてはならないので、理由や実例を挙げて丁寧に説明しよう――こうした姿勢で、結論ありきで、文章を書く段になって改めて、論理を組み立てることがあるわけです。そうすると、大事な部分で論理が飛んでしまうことが出てくるのです。

読み手としては、その論理の飛躍に気づくことが必要です。

特に、強烈な意見、個性的な主張を述べている場合、どこかで強引に論理を運んでいるケースが多いのです。その穴に気づかず、ただその人の言い分を追っていては、知らずしらずのうちに、その人の偏った思想に洗脳されてしまうかもしれません。

読み方Check!

台頭

× よくある間違い　だいとう
○ 正解　たいとう

意味　頭を持ち上げること、そこから転じ、人や組織などが勢力を得てくること。（例）若手の台頭が著しい。

論理が飛躍している例を見てみましょう。例えば、次のような文。

高校時代からの友人のA子もB子も結婚した。何だかんだ言って、みんな25、6歳で結婚してしまうものなのだ。

身近なたった二人の例をもとに、世の中の傾向を導き出してしまっています。実際には、2020年の平均初婚年齢は、夫が31・0歳、妻が29・4歳です（厚生労働省「人口動態統計」）。50歳段階での未婚率も男性25・7％、女性16・4％あります（2020年の国勢調査）。全然「みんな」ではないのです。これは**過度な一般化**だといえるでしょう。

ですから、これは論理的な見解でなく、周囲が結婚することでの焦りや不安をぼやいた感情的な愚痴だと思って読むのが良いわけです。

ヨーロッパ諸国では大学教育が無償だ。だから、日本も無償にすべきだ。

ヨーロッパと日本では、大学教育の歴史も、社会における大学の役割や位置付けも、受験や就職の仕組みも異なっています。ですから、ヨーロッパの例を日本に当てはめるのが妥当かどうかはそう簡単に言い切れることではありません。

なお、確かにヨーロッパでは大学教育が無償あるいは低額の国が多いのですが、アメリカだと、日本の数倍の学費であるのが一般的です。アメリカでなく、ヨーロッパを選んで言及したのは、自分の結論にとって都合が良いからですよね。

また、ヨーロッパの諸国で大学教育が無償なのを、単に素晴らしい例であるように述べている点にも問題があります。無償だからこそ、中退や留年の割合が高くなっているという側面もあるのです。前提や根拠を十分に検討しないといけません。

あなたの身の回りにも「海外では」「他の業界では」「あの会社では」などと何かにつけて他の例を持ち出してくる人はいませんか？

「〇〇では」と言うのであれば、その事例は本当に自分たちにも当てはまるのか、その事例で課題は生じていないのか、などを十分に論証しなくてはなりません。それ抜きでは、どんなに先進事例を振りかざしても片手落ちなのです。

読み方Check!

短絡

× よくある間違い　たんかく

○ 正解　たんらく

意味　複雑な関係にある２つの物事を、安直に結びつけて論じたり行動したりする。（例）短絡的な思考は慎め。

我々が文章を読むときには、

「えー？　本当にそうなるのかな？」

「例外があるんじゃない？」

とツッコミを入れるようなスタンスで読むのが良いでしょう。

まとめ

- 根拠と意見の間に論理の飛躍（ツッコミどころ）がないかチェックする
- 例外のある傾向を１００％のように言い切るのは論理の飛躍である

逆は必ずしも真ならず

私が次のように述べたとします。

　私は人間である。

これは成り立っていますね。
しかし、それをひっくり返すと一気におかしなことになります。

　人間は私である。

いやいや、他にも何十億人も人間はいますよね。変な文です。
もし「私は吉田裕子である」なら、ひっくり返して「吉田裕子は私である」となっ

読み方Check!

曲者

×よくある間違い　きょくしゃ
○正解　くせもの
意味　敵などの怪しい者。一筋縄では行かない、手強い人物。油断のならないもの。（例）彼はなかなかの曲者だ。

ても成り立ちます。しかし、「私は人間である」はひっくり返すと成り立たないのです。

これが**「逆は必ずしも真ならず」**です。A→Bが成立していても、B→Aが成り立つとは限らないのです。

そこを分かっていないで、論理的におかしなことを言っている文章があります。

勉強のできない人間は、運動部に自身の活躍の場を求めるものだ。だから、運動部の人間はみなバカなのだ。

そもそも1文目の段階で思い込みが激しい気もするのですが、仮に1文目が正しかったとしても、2文目（1文目の逆）が言えるとは限らないのです。

逆は必ずしも真ならず――この話は、高校の数学にも登場しています。命題の真偽についての単元で、逆・裏・対偶という用語を聞いたことがある人もいるでしょう。

元の命題の前半と後半を入れ替えたのが「逆」、前半・後半それぞれに対し、肯定を否定に、否定を肯定に変えたのが「裏」です。そして、裏の前半と後半を入れ替えたのが「対偶」です。

元の命題「私は人間である」
逆：人間は私である
裏：私でなければ人間でない
対偶：人間でなければ私でない

この場合、元の「私は人間である」と対偶「人間でなければ私でない」は成り立っていますが、残り2つは成り立っていません。

実は、元の命題と対偶の命題は必ず真偽が一致するのです。ですから、今回は元の命題が成り立っているので、対偶も当然に成り立つのです。

それに対し、元の命題が成り立っていても、逆や裏が成り立つとは決まっていないのです。成り立つ場合もあるのですが、100％ではありません。そこを決め付けてかかる言説は疑うべきです。

例えば、次に挙げる例文では、1文目が正しくても、2文目は断言できることでは

読み方Check!

歪曲

× よくある間違い　えんきょく
○ 正解　わいきょく

意味　物がゆがみ曲がること。事実をわざとねじ曲げて伝えること。（例）事実を歪曲した報道ではないか。

ありません。

夢を叶えた人は最後まであきらめなかった人だ。だから、あきらめなければ必ず夢は叶うんだ。（逆）

※残念ながら、あきらめずにいても、いつまでも夢が叶わない人もいる。対偶の「あきらめれば、夢は叶わない」は成り立つ。

非効率的な人は残業する。つまり、残業している人は非効率的なのである。（逆）

※効率的に働く有能な人であっても、その分いろいろな仕事を任され過ぎて残業に陥るケースもある。

経費を節減すると、利益率が上がる。したがって、経費を節減しなければ、利益率は上がらないのだから、皆もっと節約意識を持ってくれ。（裏）

※利益率の高い商品を企画するなど、他にも利益率を高める方法はあり得る。

一流のビジネスパーソンは高級時計を持っているものだ。だから、高級時計を身に付けていれば、一流のビジネスパーソンだと分かる。（逆）

一流のビジネスパーソンは良い時計を持っているものだ。一流のビジネスパーソンでなければ、高級時計を持っていない。（裏）

※ただの時計マニアも高級時計を持っているかもしれない。

「だから」「したがって」「つまり」などの接続語で結ばれていると、いかにも論理的な印象を受けますが、このように論理に穴がある場合もあるのです。

逆や裏は100％ではないと胆に銘じておきましょう。

まとめ

■「A→B」に対して「B→A」は逆、「Aでない→Bでない」は裏、「Bでない→Aでない」は対偶と呼ぶ

■もとの文が成り立っていても、逆や裏が正しいとは限らない

読み方Check!

桟敷

× よくある間違い　さんしき

〇 正解　さじき

意味　祭りの行列や花火を見物するために、道路や川などに面して設ける席。劇場などで、一段高く作った見物席。

第5章

読解力を長期的に伸ばす

普段の「読み方」に
ちょっとした変化を

本書で学んだ技術を踏まえ、
これからの生活の中で、
どのように読解力を伸ばしていくべきでしょうか。
語彙力・表現力を培うためのアプローチや、
読書をする上での着眼点をご紹介します。

要約にチャレンジする

読む力だけでなく、書く力も鍛える。一石二鳥のトレーニング方法が要約です。練習におすすめなのは１００字要約。ツイッターの制限字数が１４０字なので、それより少し短い程度です。ワードのＡ４初期設定だと2行半、口頭で読むと、15～20秒程度の長さです。

これより長い字数だと、あれもこれも詰め込む感じになりがちです。文章構成をどうするかなど、文章作成上の別の課題も入り込んできて、一気に難易度が上がってしまいます。

１００字という少ない字数の要約であれば、

文章の要点はどこか探す

↓

要点部分を１００字に整理する

というシンプルな作業で済みます。
　まず、要点の探し方を確認しておきましょう。要点とはそもそも、

[話題] 何について述べているのか
[結論] 結局どのようなことを言いたいのか

　ということです。第1章でも出てきました。接続語に注目しつつ文章を読んで、内容から重要度を判定するのが原則ですが、

- **タイトルや小見出し**
- **導入部**
- **太字などで強調している箇所**
- **締めくくり部分**

に注目すれば、早めに見当を付けることができるでしょう。

読み方Check!

強面

× よくある間違い　きょうめん
○ 正解　こわもて
意味　元は「こわおもて」。他をおどしつけるような怖い顔つき。強硬な態度で臨むこと。(例) 強面に意見する。

要点を抜き出したら、100字程度になるよう文章を整えます。本文を全く見ていない人でも、要約文だけを読んで概要を理解できるように文章を整えます。元々の文章で指示語や専門用語になっていた場合、その部分をそのまま取り出してきたら意味が通じません。ですので、言い換えるか補足を書き加えるのです。その後でまだ100字よりも短すぎる場合、次の3点を意識して字数を増やしましょう（53ページ参照）。

- **対比（「〇〇は～だが」「これまで～だったのに対し」など。譲歩（「仮に～しても」も含む）**
- **理由（「～ので」「～から」。「～するため」などの目的でも良い）**
- **例（「例えば～など」「～のように」）**

伝統芸能が好きだ。

⬅ 対比・理由・例を足してみると

ストーリーやセリフを全部分かっているわけではないが、役者の身体能力の高さを目の当たりにできるので、歌舞伎や狂言などの伝統芸能が好きだ。

なお、例はそもそも細かい話であり、まとめの文章においては重要度が高いわけではありません。この3要素の中では「対比」「理由」を優先的に追加して字数を埋めましょう。

要約をする場合、練習の素材に良いのは1000〜2000字程度の文章です。400字詰め原稿用紙で3〜5枚程度ということですが、A4横書きの書類で1〜2枚前後というほうがイメージしやすいでしょうか。

本で言うなら、1〜2見開き程度の内容です。ウェブ上のコラムやインタビュー記事、個人のブログなども練習素材にできます。一つのテーマや主張に基づく一まとまりの文章なら使えます。

それとは別のやり方で、本一冊の感想を書くことでも、要約力を付けられます。

一冊の書籍には様々な内容が詰まっていますので、その全部を拾うことはできませんが、

［話題］何についての本なのか
［見どころ］この本の面白い点はどこか
［感想］自分はどう感じたか

読み方Check!

婉曲

✕ よくある間違い　わんきょく
○ 正解　えんきょく

意味　言いまわしが穏やかで、角を立てない様子。露骨に言わず、遠まわしに伝えるさま。(例) 婉曲的に断る。

という3点にしぼって、100字にまとめてみるのです。新聞などに掲載される「書評」のスタイルですね。

『宇宙からの送りもの』は、宇宙飛行士の毛利衛さんが、（見どころ）**二度の宇宙滞在での発見を綴ったエッセイだ。**科学的な知識だけでなく、**無重力環境での洗顔・トイレ事情など、知られざる宇宙生活も具体的に紹介**されて（感想）**面白い。**（100字）

本を読むたびに、このような100字書評を作ってみましょう。

まとめ

- ■ 要点（話題と結論）を中心にして100字で要約する
- ■ 字数に余裕があれば、対比・理由・例を補う
- ■ 本を読み終えたら、話題・見どころ・感想の100字書評を書いてみる

読解力を鍛える 新聞の読み方

新聞の朝刊1日分に何文字ぐらいの文章が載っているか、ご存じですか？

——約18万文字です。

広告の文字を除いても、これほど膨大な字数の文章が載っています。

単純に字数の観点からいえば、新聞1日分には、新書やビジネス書の2冊分の文章が詰まっているのです。

インターネットを通じ、無料で様々な文章にアクセスできる今日ですが、情報が断片的だったり真偽の怪しい話だったりすることも多いものです。

新聞であれば、ある程度以上の信頼性（100％とは言い切れなくても）のある、整理された文字情報に大量に触れることができます。

読み方Check!

黎明期

× よくある間違い　たいめいき
○ 正解　れいめいき

意味　黎明とは夜明けの頃。そこから転じ、新しい文化・時代などが始まろうとする時期。（例）黎明期の産業。

これだけの文字情報を百数十円で買うことができるというのは、実にコストパフォーマンスの良い話だと思います。

「忙しくなると、読まないまま溜まってしまうから……」という理由で、新聞購読をやめてしまった方におすすめしたいのは、日単位でバラで買うこと。

読む時間が取れそうだな、という日だけ、コンビニや駅の売店などで購入する方式です。週末なら読めそう、という人もいるかと思いますが、ちょうど土・日は、新聞各社とも、専門家の論考、著名人のエッセイ・インタビュー、書評といった読み応えのある記事を掲載していることが多いタイミングです。1部150円前後ですので、本や雑誌よりも気軽に手に取ることができます。

隅から隅まで、一言一句読む必要はありませんが、各ページの見出しは一通りチェックしたいところです。

SNSだけで情報を集める弊害とは

インターネット経由で情報を得る人、特にSNSで情報を集めている人の場合、そもそも興味のあるテーマの記事や発言しか目に入ってこない状態になっていることがあります。

私もSNSを情報集めに活用しているのですが、特にツイッターのリスト機能を愛用しています。「友人」「学者・論客・コラムニスト」「歌舞伎」「相撲」「絵師」「関ジャニ∞」などのリストを作り、それぞれに、そのリストに該当する人、そのテーマに関することをつぶやいている人を登録しています。

そうした使い方をしていて面白いのが、同時代に生きていても、これだけ見ているものが違うのか、ということです。

相撲の本場所が開幕すると、「相撲」リストのタイムラインは力士の勝敗や取り組みの感想で埋め尽くされます。幕内力士になって間もない若手が横綱を倒そうものなら、「○○〜〜〜!」と関取の名前を叫ぶ投稿が大量に並びます。しかし、「絵師」リストを開くと、誰もそんな話はしていないのです。

一方、絵師の皆さんがほぼ全員「コミケ」の話で盛り上がっている日、相撲リストの人は誰もその話をしません。

インターネット自体は全世界につながっていますが、我々がそこから取り出してく

読み方Check!

既出

× よくある間違い　がいしゅつ
○ 正解　きしゅつ
意味　以前にもう出ていること。（例）難易度が高くとも、既出の単語には注を付けない方針だ。

る情報は、興味・関心に従った一部の限られた情報なのです。

そこで有用なのが、**新聞の見出しを一通り見る**ことなのです。

その前日に起きたことがほぼ網羅されているので、自分がSNSなどで情報を集める場合にはたどり着かないような、異ジャンルの情報にも出合えます。

そうして視野を広げることで、新たなアイデアが生まれることもあるのです。

さらに視野を広げようとするなら、複数の新聞を読んでみるという方法があります。政治的な立場の違う新聞を併読するのも面白いですし、専門紙を読んでみるのも手です。

私も、ファッション・食などの個人消費関連ビジネスに特化した新聞『日経MJ』をよく読んでいます。

読解力の観点から、読むのをおすすめしたいのは「社説」です。「社説」には、その社として責任を持って発表する意見・主張が載っています。単なる情報伝達ではないのです。

ある事件、ある政策、ある風潮に対して、その新聞社としては何を問題視していて、どうすべきだと考えているのか、がまとめられています。

- **意見は何か、その根拠は何か**
- **現状はどうなのか、それをどうすべきだと考えているのか**

それを丁寧に読みとってみましょう。

字数がちょうど1000字程度で、意見がはっきりと書かれているので、前項の100字要約の練習をするのにはもってこいです。

なお、学校などの国語指導の中で、新聞の一面の下に載っているコラムを読むように指示されることがあります。『天声人語書き写しノート』（朝日新聞社）も好評を博しており、一面のコラムを楽しみに読んでいる人も多いでしょう。

確かに巧みな文章が多いのですが、それは落語などのような話術のうまさに近いものであり、少々応用編なのです。

例えば、導入部分から着地に持っていく流れのうまさがあります。意外な事実を紹

読み方Check!

月極

× よくある間違い　げっきょく
○ 正解　つきぎめ
意味　1ヶ月を単位として契約などを決めること。（例）月極駐車場。

介したり、ドキリとするような問いかけから始めたり、身近に感じる季節の話題から始めたりする入りの巧みさは、自分が文章を書いたり、プレゼンテーションをしたりする際の参考にすると良いでしょう。

論理的な読解を学ぶという観点では、むしろ社説を読むのがおすすめです。

また、事件などを報道する記事の場合は、5W1Hを意識しながら読むことで、正確に情報を把握するようにします。

> 米政権は4日の東南アジア諸国連合（ASEAN）関連会合で、米中の「貿易戦争」を踏まえ、中国の「一帯一路」構想と対決していく姿勢を明確に打ち出した。

詳しい記事の場合には、リード文や冒頭部分にこうした要約部分があるはずです。

そこを、

米政権《（誰が）》は4日《（いつ）》の東南アジア諸国連合（ASEAN）関連会合《（どこで）》で、
米中の「貿易戦争」《（なぜ）》を踏まえ、
中国の「一帯一路」構想と対決していく姿勢《（何を）》を明確に打ち出した《（どうした）》。

のように5W1Hをもとに確認することで、正確に事実を理解することができます。

まとめ

- 新聞は、大量の文字情報に安価に触れられる便利な手段
- 見出しを一通り見ることで、視野を広げる
- 意見と根拠を意識して、社説を読む。報道部分は5W1Hの観点で

読み方Check!

異名

× よくある間違い　いめい
○ 正解　いみょう

意味　本当の名前以外の別名。あだ名。(例)長身のピッチャーで、九州のダルビッシュの異名をとる。

語彙力の伸ばし方

読解力を下支えするのが、語彙力です。

英単語を知らなければ英文が読めないように、日本語の単語や表現を知らなければ、日本語の文章は読めないのです。母国語に関し、この点を軽んじている人は多いように思います。

日常会話、しかも、家族や友人などの固定メンバー、同じような年齢のメンバーとの会話だけでは、なかなか語彙は増えていきません。どうしても、今使える範囲の言葉で居心地よく会話をするだけになるからです。

年上の人や読書家の人が身近にいれば、その人の発言を注意深く聞いてみることが第一歩です。

身の周りにそうした人がいない場合は、著名人の中で言葉遣いに惹かれる人を見つけ、その人の出演番組やＳＮＳを追いかけることも良い学びになります。

王道であり、確かなのは新聞や本を一定量以上読むことです。

文章では口頭よりも熟語の割合が高くなり、語彙力増強にはもってこいです。

若くして語彙力のあることで知られる将棋棋士の藤井聡太さんも、司馬遼太郎や新田次郎、沢木耕太郎さんらの本を愛読しているそうですし、大人顔負けのしっかりした話し方をする俳優の芦田愛菜さんも、忙しい中で年300冊の読書をしているといいます。

ただし、漫然と文章を読んでいるだけでは、語彙力は少しずつしか伸びません。

成長を速くするには、言葉を調べたりメモしたりすることの習慣化が欠かせません。要は、受け流さない、ということです。

初めて見る言葉、よく意味が分からない言葉。それらを放置しないでアクションを取るようにします。

元々知っている言葉でも、文章を読んでいる中で引っ掛かりを覚える瞬間があるはずです。素敵な使い方なのか、違和感を覚える使い方なのか、どちらにしても、気になったその瞬間をやり過ごしてしまわないようにします。

その都度、何かしらの解決を図るのです。

読み方Check!

言質

× よくある間違い　げんしつ

○ 正解　げんち

意味　あとで証拠となるような、約束の言葉。(例)巧みな交渉で、相手の言質を取った。

調べる。考える。覚える。打ち込む。書き留める。

自分なりのストック方法を見つけましょう。

ちなみに、私はスマホの辞書アプリで調べるのが習慣です。一つの辞書で十分に納得できなかったときのために複数の辞書を使える環境にしています。調べたり気に入ったりした言葉は、Evernoteというアプリに設けた語彙ノートに記録しています。

単に見たことがある、意味を何となく知っているというのでなく、使いこなせる語を増やそうと思ったら、語彙ストックの際に、オリジナルの例文を作るようにすると良いでしょう。

例文を作ろうとすると、言葉の細かいニュアンスにも意識が向くようになり、似たような意味の語の繊細な違いに気づくことができます。

実際に文章の中で言葉を使おうとするからこそ、

・異議——を唱える
・物議——を醸す

のような、よく使われる組み合わせにも意識が向くようになります。

例文作りの際にも、普段の文章作成にも、類語辞典を使うことは語彙拡大の有効な手段です。

便利なのは、Weblioというサイトの類語辞典（https://thesaurus.weblio.jp/）。単語だけでなく、慣用句なども検索にかけることができます。

最後に、上級編の語彙の増やし方になりますが、「辞書を読む」という方法もあります。本を読むように、辞書を頭から読んでいくのです。

私自身も、定義が面白いと評判の『新明解国語辞典』、硬質な文章を読むためのキーワードが詳しく解説されている『ベネッセ表現読解国語辞典』、言葉の生まれ出るプロセスを探っている『古典基礎語辞典』など、複数の辞書を読んできました。

普段使いはアプリの私ですが、こうした楽しみ方にはやはり紙の辞書が一番です。

次のページに、私のおすすめの辞書をまとめました。ぜひ皆さんもお気に入りの辞書を見つけてくださいね。

読み方Check!

遵守

× よくある間違い　そんしゅ
○ 正解　じゅんしゅ

意味　決まり・法律などに背かないで、それをよく守ること。（例）企業には法令遵守が求められる。

おすすめ辞書６選

『新明解国語辞典』三省堂

時に辞書の範疇を超えるような、親しみやすい、実感の湧く語釈が特徴です。その個性は、赤瀬川原平さん（『新解さんの謎／文春文庫』の著者）のように、本辞書の語釈を娯楽として味わうファンがいるほどです。

『ベネッセ表現読解国語辞典』ベネッセコーポレーション

タイトルの通り、読解力につながる辞典です。硬質な文章を読みこなすのに必要なキーワードには、図解なども交えて、大きく紙面を割いています。辞典部、漢字部、機能語部、敬語表現部の四部構成になっているのも特徴です。

『広辞苑』岩波書店

広く普及している辞書の中では圧倒的な、20 万語以上のボリューム。約 10 年ごとに改訂され、時代に合わせて収録語が見直されています。図版が付くなど、百科事典のように詳しい解説のほどこされた言葉もあります。

『明鏡国語辞典』大修館書店

「アプリ」「貧乳」など、現代の若者ことばも積極的に採録している点が特徴です。「誤用索引」「敬語索引」「気になることば索引」をまとめた、別冊付録の「明鏡 問題なことば索引」も勉強になります。

『古典基礎語辞典』角川学芸出版

国語学者の大野晋さんが、集大成の事業として編み上げた古語辞典です。厳選された約 3200 語について、語源や意味の変遷などに注目し、丁寧に解き明かしています。古文に興味のある人だけでなく、日本語、言語に関心のある人にとって発見の多い本でしょう。

『感情ことば選び辞典』学研プラス

「嬉しい」でも、「感激」「有頂天」「狂喜」など様々なニュアンスの語があります。定義・例文を見比べ、言葉どうしの違いを味わうことができます。小さくて薄い、文庫本ほどのコンパクトな辞書なので、気軽に持ち運べるのも魅力です。

辞書の全ページを一字一句追おうとすると、なかなか読み終わりませんので、濃淡を付けながら読むと良いでしょう。

私が読む際にも、ページ全体をざっと眺めつつ、初めて知った語や気になる語に特に注目します。これから使いたい言葉や定義が新鮮だった語、面白い例文には付箋を貼るようにしています。

まとめ

- 知らない語、知らない使い方を流さない
- 読書や類語辞典の使用など、自分の語彙の外にある言葉に出会う機会を
- 辞書は複数を引き比べたり、本のように読んだりするのが上級者

読み方Check!

逝去

× よくある間違い　せつきょ
○ 正解　せいきょ

意味　他人を敬って、その死をいう語。（例）ご尊父様のご逝去を悼み、謹んでお悔やみ申しあげます。

あらためて、読書のすすめ

量が質を作る。

新入社員だった頃、上司に口酸っぱく言われた教えです。これは読書に関しても当てはまることだと思います。

読む力は、ある程度の量の文章を読んでこそ培われます。

「量より質」という考え方もありますが、読書の場合、量を読まずして上質の文章だけを読んだとして、それを十分に読みこなすというのは不可能な話です。

たくさん読んで、その経験の中で語彙を増やしたり視野を広げたりすることが、名著を理解する上での下地になります。

量に触れる。それによって、読解力や思考力といった質的能力を育てていきましょう。

子どものときの読書指導のイメージから、読書＝小説を読む、というイメージがある人もいるかもしれません。

もちろん、小説を読むのも重要なことなのですが、多様なジャンルの活字に触れることを心がけると、トータルの読書量が多くなります。

ところで、私は受験生のとき、国立大学を目指して勉強していました。

私の場合、英語・数学・国語（現代文・古文・漢文）・世界史・日本史・政治経済・化学を勉強する必要がありました。

それに対し、慶應義塾大学を志望していた友人は、英語・日本史・小論文の3科目にしぼって勉強しており、私は「吉田さんは科目が多くて大変だねぇ〜」などと言われていましたが、実は、科目が多かったからこそ、トータルでたくさん勉強することができたという面があります。

ふつうは「勉強をする？　しない？」の二択で、油断をすると、「勉強しない」のほうを選んでダラけてしまいます。しかし私は、受験科目が多かったので、「さあ、今からどれを勉強する？」という選択だったのです。

読み方Check!

廉価

× よくある間違い　**けんか**
○ 正解　**れんか**

意味　値段が安いこと。安い値段。（例）幅広い層に普及させるため、廉価版をリリースした。

「しない」という選択肢が意識されにくい状況だったのです。

世界史に疲れたら英語、英語に疲れたら国語などと科目間を泳ぎ歩くことで、長い時間、勉強し続けることができたわけです。


読書に関しても、同じようなイメージで考えれば良いかと思います。

「読書するか、しないか」でなく「何を読むか」という状況を作るようにします。

具体的には、いつも何冊も持ち歩くようにするのです。

その時々の気分に合った本を読むようにし、トータルの読書時間を伸ばしていくのです。

現代の場合、電子書籍という手もありますので、無限に近い冊数の本を持ち歩くことができます。

また、一口に読書といっても、本には色々なジャンルがあります。

それらを組み合わせることで、全体として読解力を伸ばしていきましょう。

	感性	知性
ストック	小説 詩集 マンガ など	専門書 教養を深める古典的名著 時間をかけて消化する哲学書 など
フロー	雑誌 写真集、画集などの美術的な本 エッセイ コミックエッセイ、ギャグマンガ など	時事的な情報を得る新聞・雑誌 ノウハウ・実用的知識の本 ニュースを考察するブログ など

私が意識しているのは、

- **知性につながる読書か、感性につながる読書か**
- **ストックの読書か、フローの読書か**

という2つの軸です。

ストックは、自分の中に蓄積され、長期的に生きてくるような本質的なもの、フローは、ニュースのように日々流れてくる情報です。

この分類を掛け合わせ、表のような4領域を考えています。

厳密にではありませんが、だいたいバランスがとれるように心がけていま

読み方Check!

巣窟

× よくある間違い　すくつ
○ 正解　そうくつ

意味　住みか、特に盗賊・悪党などが集まって住んでいる場所。
（例）旧市街の空き家が密売人の巣窟となっている。

す。

「最近は知性×フローの読書ばかりで、ちょっと近視眼的になっている気がするなー よし、前に買っておいたあの小説を読もう」という次第です。

ストックの重い読書ばかりでなく、心理的負担の軽いフローの読書も採り入れる。ある領域に疲れたら別の領域に移る。

そういう工夫で、全体として読書を続けている状態を作るようにすると良いでしょう。

読み終えたら、要約の節でご紹介した「100字書評」に取り組んだり、付箋を貼った箇所をノートにメモしたりして、せっかく触れた情報が自分の中に留まる工夫を。

まとめ

- まずは量に触れることを意識する
- 様々なジャンルを組み合わせることでトータルの読書量を確保する

自分でも書いてみる

読解力を培う上で、実は良い方法が、自分でも文章を書いてみることです。

実際にやってみることで初めて分かることというものは多いのです。

自分で文章を書くようになると、気づくことが増えます。

- **どうしてこんな文体を取るのか**
- **どうしてこんな文章構成なのか**

自分が書くからこそ、他の人の文章の技術に気づきやすくなり、真似できる手本が増えます。

また、書く側に回ってこそ、書き手の工夫や苦悩が感じられるようになるのです。

読み方Check!

進捗

× よくある間違い　しんぽ
○ 正解　しんちょく

意味　物事がはかどること。（例）こまめに進捗状況を報告してください。

私も昔は、他人の書いた文章を読んで、「何だコレ、プロならもっとうまく書けるだろうに……」とよく毒づいていました。

しかし、自分がコラムや書籍を執筆するようになって、「きっとこういう事情があって、こういう表現にしたんだろうな」などと想像をすることができるようになりました。

自分で文章を書いてみると、どれぐらい時間を費やすものなのか、どれだけ悩むものなのかを実感できるのです。そうすると、他人が書いた文章に対するリスペクト（尊敬・尊重）の気持ちも出てきます。

その人がどれだけの手間暇をかけて書いたのかを想像すれば、脊髄反射的に拒否・反発するような態度を取らなくなるはずです。

「せっかく誰かが手間暇をかけて書いた文章なのだから、何を伝えようとしたのか、読んでみようではないか」

そうやって何とか理解しようという思いで文章に向き合うことが、読解力の出発点であり、核心なのだと思います。

まとめ

■自分で書くことで、書き手の工夫や苦労を理解するのが読解のカギ

読み方Check!

完遂

×よくある間違い　かんつい
○正解　かんすい

意味　最後までやり通すこと。任務を完全にやり遂げること。（例）見事、困難な事業を完遂した。

最終問題

おさらいとして、
最後に文章読解問題を用意しました。
指示語や接続語など、
本書で取り上げた読解のポイントを用いて、
問題に取り組んでみてください。

問題文

ダイバーシティは、「女性の活躍を応援する」などと社会貢献の一環として語られることが多いが、実は経営戦略の一つである。なぜ そう 言えるかというと、組織に様々な人材が集まることで、多様なアイデアが出てくるようになるからである。優秀な人材の奪い合いになっている今日、労働力確保という観点から（　①　）、様々な人材が活躍できる組織を作り上げることは切実な課題である。社会的要請にしぶしぶ応えるという態度、体制を整える費用をやむを得ないコストととらえる価値観など、消極的なスタンスをとっていてはならない。受け身の姿勢は、顧客にも、就職先を選ぶ学生にも、見抜かれてしまうのである。

男性中心で組織を回すことは、短期的にはリスクが少なく効率的に思えるかもしれないが、（　②　）長期的にはリスクだらけなのである。

★

さて、企業がダイバーシティを推進するに当たっては、以下の点に留意しなくてはならない。

まず、目的の明確化である。経営者がしっかりと目的を把握し、貫くことが期待される。このような組織になって欲しいという質的なビジョンと同時に、管理職に占める女性の割合など、量的な指標も設定する必要があろう。

次に、異なる人材を尊重する企業風土の確立である。ルールやシステムとして、平等や公平、支援を規定したとしても、あ仏作って魂入れず、では無意味である。研修や日常的なミーティングなどで継続的に啓発活動を行う必要がある。（　③　）、マネージャー層が率先して育休を取得するなど、見本を示すことも求められよう。

最後に、ダイバーシティ推進は、い一朝一夕は無理で、長期的覚悟が必要だという点である。

設問

（1）波線部A・B、筆者はどちらを強調していますか。

（2）［そう］の指示語が指す内容を答えましょう。

（3）点線あ・いの表現の意味を答えましょう。

（4）空欄①〜③に入る語をそれぞれ選択肢から選びましょう。

①　は　・　が　・　も　・　の

②　たとえば　・　かえって　・　ところで　・　つまり

③　もしくは　・　しかし　・　なぜなら　・　また

（5）二重線部「消極的な」と同じようなニュアンスの語を同じ段落中から3つ抜き出しなさい。

（6）★以降の内容をツリー図にしましょう。

※解答は次のページ

解答

（1）B

先に一般論を述べ、後に筆者自身の意見を述べるという順序がよく使われます。逆接の「〜が」の後に、筆者の言いたい意見が来るケースが多いです。（33ページ参照）

（2）ダイバーシティは経営戦略の一つである

指示語は原則として、直前の内容を受けています。今回なら「経営戦略の一つ」という部分ですが、内容が分かるよう主語を追加しました。（75ページ参照）

（3）あ・手間暇をかけて成し遂げながらも、肝心な点を欠いてしまっていること。い・ひと朝やひと晩ということから、短い時間のこと。

慣用句やことわざ、故事成語、四字熟語の語彙も増やしていきましょう。

（4）①も　②かえって　③また

①ここは一つ目の理由「多様なアイデアが出る」に加えて、もう一つの理由を述べる部分です。複数番目の話題であることを示せる副助詞「も」が適切です。（83ページ参照）

②「かえって」は、普通に期待されることとは反対に、という意味の言葉です。短期的にリスクが少ないので、長期的にもリスクが少ないかと思いきや、それに反して長期的にはリスク

ばかりであることを示しています。

③「もしくは」だとどちらか一方を選ぶニュアンスが出てくるので、並列の「また」が最適です。

（5）しぶしぶ・やむを得ない・受け身

同じ主張が形を変えながら、何度も繰り返されることがあります。（42ページ参照）

（6）解答例

ダイバーシティ推進の留意事項

- 目的の明確化
  - 質的ビジョン
  - 量的指標
- 異なる人材を尊重する企業風土の確率
  - ルールやシステム
  - 研修やMTGでの啓発活動
  - マネージャー層が見本
- 長期的に取り組む覚悟

読解力不足が原因で損をしないために

ある時期から、メールで仕事を進める場面が増えました。顔を直接合わせることなく、仕事が終わることも珍しくありません。

色々な方とメールをしながら、よく思うのが、これ。


「頼むから、これで読みとってくれよ〜!」


意図が伝わらず質問・回答のやり取りが何往復も続くと、だんだん煩わしくなってきます。

また、事前に運営マニュアルをメールで送っておいたのに、当日トンチンカンな行動をされると、がっかりしてしまいます。

そういうストレスが積み重なると、「もう、いいか。この人に依頼すると、逆に手間がかかるから頼まないでおこう」と思う瞬間が来ます。伝えることを諦めてしまうのです。

依頼するのをやめるとき「あなたがメールやマニュアルを読んで理解する力がないので、もう仕事を頼みません」などということは、わざわざ相手には伝えません。そっとフェードアウトするのです。大人は笑顔で去っていくものなんです。なぜ依頼が来なくなったか、去られた側は気づいていないでしょうね……。

もしかしたら、気づかぬうちに読解力不足が原因で、仕事やチャンスを失っているかもしれないのです。

たかが読解力、されど読解力、なんです。目に見えないけれど、ベースの部分であなたを支えて（あるいは、足を引っ張って）います。

掛け違えや無駄ができるだけ起こらないように、読解力が原因で損をする人が減るように、そんな思いで本書を執筆しました。

これまで「文章が読めない」「読解力に乏しい」となると、漠然と「本を読め」とアドバイスされるのが常でした。

もちろん本を読むのは大切なことで、私も読書を推奨しますが、文章が苦手な人にとっては、本を読むこと自体の心理的ハードルがとても高いわけです。実際、文化庁の「国語に関する世論調査」によれば、1か月に1冊も本を読まないという人が47・3パーセントです（平成30年度調査）。3冊以上読むという人は15・0パーセントしかいません。

何を読んでいいか分からない、どう読めばいいか分からない、力がついているのか分からない、とクエスチョンマークが浮かびがちです。

そこでまず、文章のどこに注目したらいいか、どういう点を警戒しなくてはならないか、本や新聞はどう読めば成果につながりやすいか、といった点を集中的にアドバイスすることにしました。

本を手に取るためにも、その前提となる読解力を伸ばす手がかりをお伝えしたいと考えたのです。

ぜひ本書の着眼点をご自分のものになさってください。そして、その眼差しで日々触れる文章を見つめてください。

「読解力不足で損をしない」という次元から「読解力を武器にして得をする」という次元へ進んでいただけたらいいなと思います。

読解力が皆さまの仕事や暮らしをより充実させることを祈っています。

おまけ

おすすめ書籍の紹介

読解力を学び、鍛える本

『現代文の勉強法をはじめからていねいに』（出口汪責任監修、東進ブックス）
『現代文キーワード読解［改訂版］』（Z会出版編集部、Z会）
『大人の言葉えらびが使える順でかんたんに身につく本』（吉田裕子、かんき出版）

知的好奇心を刺激される本

科学に関心のある人におすすめ

・講談社の「講談社ブルーバックス」シリーズ

・筑摩書房の「ちくま学芸文庫」シリーズ

社会科学に関心のある人におすすめ
（社会学・政治学・経済学・法学・社会心理学・教育学・歴史学・文化人類学など）

・有斐閣の「有斐閣ストゥディア」「有斐閣アルマ」シリーズ

日本の古典・近代文学、中国の古典に関心のある人におすすめ

・KADOKAWAの「角川ソフィア文庫　ビギナーズ・クラシックス」シリーズ

自分の関心のある分野を探したい人におすすめ

・放送大学のテキスト　※在学生でなくても購入可能。図書館にもあります
・岩波書店の「岩波ジュニア新書」のシリーズ
・『教養のためのブックガイド』（小林康夫・山本泰編、東京大学出版会）
・『ちくま評論文の論点21』（五味渕典嗣・松田顕子・吉田光編、筑摩書房）

吉田裕子（よしだ・ゆうこ）

国語講師。三重県出身。東京大学教養学部超域文化科学科を首席で卒業。現在は大学受験Gnobleで指導し、東大など難関大学の合格者を多数輩出する。

日本語や古典文学の見識を活かし、NHK学園などのカルチャースクールや企業研修で、大人向けの講座も担当している。

NHK Eテレ「テストの花道 ニューベンゼミ」に国語の専門家として出演するなど、テレビやラジオ、雑誌などのメディアでも活躍。

著書には『大人の語彙力が使える順できちんと身につく本』（かんき出版）、『人一倍時間がかかる人のためのすぐ書ける文章術』（ダイヤモンド社）『人生が変わる読書術』（枻出版社）ほか多数。

本作品は小社より二〇一八年十月に刊行された『読みトレ』を改題し、再編集して文庫化したものです。

だいわ文庫

大人《おとな》に必要《ひつよう》な読解力《どっかいりょく》が正《ただ》しく身《み》につく本《ほん》

著者 吉田裕子《よしだゆうこ》

©2022 Yuko Yoshida Printed in Japan

二〇二二年五月一五日第一刷発行
二〇二二年八月二〇日第四刷発行

発行者 佐藤 靖

発行所 大和《だいわ》書房
東京都文京区関口一ー三三ー四 〒一一二ー〇〇一四
電話 〇三ー三二〇三ー四五一一

フォーマットデザイン 鈴木成一デザイン室
本文デザイン 荒井雅美(トモエキコウ)
本文イラスト oyasmur
本文印刷 光邦
カバー印刷 山一印刷
製本 ナショナル製本

ISBN978-4-479-32014-2
乱丁本・落丁本はお取り替えいたします。
http://www.daiwashobo.co.jp